不否定的教養練習

子どもを否定しない習慣

比稱讚、責備更有效的親子溝通技巧

林健太郎 著　沈俊傑 譯

前言

感謝你翻開這本書。

你是否曾經這麼想過：

「希望培養孩子的自信心與自我肯定感。」

「希望孩子能夠自動自發。」

「希望與孩子的關係變得更好。」

「看到孩子成長，固然很開心，但孩子頂嘴不聽話的時候也很讓人心煩啊。」

「不知道自己教小孩的方法正不正確，覺得很不安。」

如果你曾冒出以上任何一個念頭，那麼這本書一定能幫上你的忙。
這本書講述的正是如何增進孩子的自我肯定感，培養孩子的自主性。

幸會，我叫林健太郎，是不否定溝通的專家，也是一名專業教練，指導過國內外各產業的企業組織、領導者及商務人士，致力於領導者及商務人士的能力開發，協助改善人際關係，促進組織發展。
這樣的我，爲什麼會寫一本關於「教養」的書呢？
一方面，我自己也正在養育兩個孩子；另一方面，是因爲「養育孩子」與「培育下屬」之間有許多異曲同工之處。

第一章還會詳細闡述，不過簡單來說，無論是養育孩子還是培育人才，希望建立什麼樣的關係、想要營造什麼樣的氣氛、如何相處、如何溝通、關心、讚美、責備、回應、發生摩擦時要不要補救、如何補救……這些都將決定對方能否與我們維持良好關係，並且抱著自信，成長茁壯。

要是處理得不好，可能造成關係破裂，導致對方喪失自信心與自我肯定感。

而這一切的一切，最重要的關鍵字就是**「不否定」**。

一旦否定孩子，便很難培養他們的自主性、自律性和自我肯定感。不過，**只要我們停止否定，一切都會朝好的方向發展**。

聽我說得這麼篤定，有些人或許會想：

「不否定的意思是，不管孩子說什麼都回答『好』、『可以』嗎？」

「孩子什麼都不懂，養育孩子怎麼可能完全不否定！」

「如果不能責備孩子或叮囑孩子，豈不是會把孩子寵壞？」

「做父母的，發現孩子犯錯，當然要罵！」

我相信認真養育孩子的人，對於我的論點肯定有很多話想說。實際上，過去我推廣「不否定的習慣」時，也會收到各式各樣的意見，而且乍看之下言之鑿鑿。

不過，爲什麼會出現這些意見呢？

原因就在於，很多人將「責備」、「叮囑」、「指示」、「請求」，與「否定」混在一起。

請看看下面兩句話：

「快去念書。」

「請把東西收一收。」

這兩句話是否定嗎？

我想，大多數人應該都不認爲這兩句話是否定。沒錯，這不是否定，而是叮囑或指示。不過，根據實際的表達方式，也可能產生不同的意思。

接著看看下面這幾句話：

「不要再做模型了，快去念書！」

「請把東西收一收！不然我拿去丟掉。」

「別玩那些無聊的東西了，幫忙做點家事。」

這樣算不算否定？

這毫無疑問是「否定」。這些提醒或指示、命令的句子裡面，對於孩子重視的事物，表現出藐視、否定的意思與態度。

即使這並非你的本意，只是一時的情緒性發言，孩子心中卻會留下「自己被否定」的印象。

我在拙作《不否定的練習：比讚美、肯定更有效的人際關係法則》中提到，人往往會無意識地否定他人，而且常常是出於好意。

無意識的否定有很多種形式：

・不由分說地否定孩子的說詞或意見。
・不認眞聽孩子想說的話和想法。
・看似在聽孩子說話，卻沒有看著他們的眼睛。
・經常使用指責或嚴厲的語氣。
・頻頻挑孩子的錯。
・對孩子表現出不耐煩的態度，例如嘆氣或發出啐聲。
・不聽孩子的提議，只要求他們配合大人。
・將孩子的煩惱當成「雞毛蒜皮的小事」。
・責備孩子犯的錯或沒做好的事情。
・不停碎念孩子事情做不好的原因。

以上行爲都屬於本書談論的「否定」。
因此，「不否定孩子」的意思，並不是不能責備孩子。

▶ 無意識否定的例子

不認真聽孩子說話
嗯
頻頻挑孩子的錯、
批評孩子沒做好的地方
你喔
對孩子表現出
明顯不耐的態度
唉
不行
不對
NO
馬上否定孩子的說詞或意見

真正的意涵是：**停止否定孩子的存在與他們重視的事物，也停止忽視孩子的感受、意願和想法。**

當家人之間不再否定彼此，你會發現，家庭氣氛明顯不一樣了，氣氛變得更好，孩子也會改變與成長。

另一方面，希望各位知道，習慣否定的家庭，存在不小的風險。

不否定的教養有什麼好處

那麼，不否定的教養有哪些好處呢？

- **可以培養孩子的自我肯定感和自尊心。**
- **孩子更有自信。**

▶ 不再否定之後，會有什麼改變？

提升孩子的自信心
與自我肯定感

孩子更信賴爸媽，願意分享
自己的想法、經歷和煩惱

家庭氣氛變好，孩子和爸媽的
情緒更穩定

・更願意積極挑戰事物。

・更常正面思考，採取正向的態度與言行。

・孩子和爸媽的情緒更穩定。

・煩躁的情緒減少，內心更從容。

・家人之間對話變多，笑容也變多。

・家庭氣氛變好，家人之間團隊合作順暢。

・孩子更願意表達自己的感受和想法。

・孩子更願意和爸媽訴說煩惱或商量問題，不再隱瞞事情。

・長期下來，可以建立良好的家庭關係。

怎麼樣？

不否定的好處與效果寫也寫不完。

光是留意「不否定」對方，養成不否定的習慣，家庭氣氛、親子關係，

甚至夫妻關係，都能看到明顯的改變，逐漸變得更好。

希望這本書能成爲讀者改善家庭氣氛和親子關係的契機，身爲作者，沒有比這更開心的事情了。還請各位務必讀到最後。

林 健太郎

目次

第1章 從今天開始，練習「不否定孩子」

第2章

實踐「不否定孩子」的重點

第3章 不否定孩子的「表達」和「責備」方式

第4章

讓孩子自動自發的「不否定對話術」

第5章

培養孩子自我肯定感的關心方式

第6章 打造不否定的家庭

第7章 不否定自己的練習

第1章
從今天開始，練習「不否定孩子」

「培育下屬」和「養育孩子」的相似之處

運用教練式溝通，陪伴孩子的心成長

正如我在前言提到的，我的專業是人才培育教練。教練（coaching）是一種對話方法，需要扮演一名「好的傾聽者」，聆聽他人的煩惱，並陪同對方找出解決方案。近年來，愈來愈多企業開始運用教練式溝通來培育經營者與領導人才。

我協助超過兩萬名國內外商業領導者的能力開發，聆聽大量當事人與下屬相處上的煩惱，以及團隊內部人際關係方面的問題。

那麼，從事商業教練的我，爲什麼會寫一本「教養」的書呢？

因爲我自己也正在養育兩個孩子，在這過程發現，「親子關係」與企業「上司與下屬的關係」有許多相似之處。當然，兩者也有不一樣的地方，不過相似的部分確實非常多。

這些相似的地方包括：

- **自己有責任要培育對方。**
- **強迫對方，只會降低對方的動力。**
- **當對方有了自信，就會自動自發。**
- **需要培養對方的自尊心和自我肯定感，但該提醒時還是要提醒。**
- **需要經常碰面，總會碰到同樣的議題和類似的問題。**
- **需要長期維繫關係。**

像這樣列出來，讀者是不是也感受到兩者有多麼相似了？

我個人認爲，「親子」、「夫妻」和「上司與下屬」都是極爲重要的人際關係，對於人生品質的影響舉足輕重。

若這些關係中，一再出現負面的溝通方式，就會構成「被否定一方動力下降」→「行爲和態度變得消極」的惡性循環。

「親子」、「夫妻」和「上司與下屬」這三種關係中，最容易因爲負面溝通而產生裂痕的，就是親子關係。

理由也很簡單。

因爲親子關係無法輕易擺脫。

上司與下屬的關係，只要人事異動，就會自動解除。而且現在這個時代，也有愈來愈多人認爲，和上司處不來的話，大不了離職，換一份工作。

夫妻之間若處不好，也還有離婚這條路。婚姻關係某種意義上來說是流動的，可以由任一方決定是否解除。

然而，要解除親子關係，卻不是件簡單的事情。

一般來說，無論親子之間相處狀況如何，這段緊密的關係從孩子呱呱墜地的那一刻起，會維持二十年左右，期間不存在解除關係的選擇。

說實話，親子關係是一輩子的事情。

因此，我認爲**親子關係才是最需要找出良善相處模式的關係。**

千萬別坐等別人插手幫忙，或是痴等外在環境改變，請務必主動在親子關係中播下「良善的種子」。

爲什麼關係中會充斥著否定

因爲「愛」而否定

各位有沒有想過，爲什麼關係中會充斥著否定？

其中一項原因是，**「否定」並非總是出於惡意。**

尤其養育孩子的過程中，絕大多數的否定都源自於「必須糾正孩子錯誤」的父母心。

許多當爸媽的人都有這種想法：

「孩子不大力管教的話，將來會沒出息。」

「必須教導孩子是非對錯，引導孩子走正確的路。」

有些爸媽還會擔心外界的眼光，擔心孩子萬一在外面做了什麼，給別人帶來困擾，別人會覺得自己沒把孩子教好。

說到底，就是因爲冠上「爲對方著想」的美名，我們的關係中才會充斥著否定。

我曾經有幸上電視解說「否定」的概念。上節目之前，我做了一些準備，詢問身邊多位友人是否有被否定的經驗，並整理成一份清單。

我發現，許多人提到自己被否定的經驗，看起來其實並不太像是否定，比較像是出於善意的建議。

換句話說，雖然接收方感覺「被否定」，但傳達方其實是出於善意，因此「很難斷言到底是不是否定」。

尤其，爸媽對孩子的否定，幾乎都不是出於惡意，而是出於：

・對孩子的愛。

・「必須好好養育孩子」的使命感。

・「必須教導孩子是非對錯」的責任感。

甚至「希望教導孩子」這種奉獻自我的欲望，也能從中獲得滿足。愛、使命感、責任感與奉獻自我的欲望，這些都是讓人不自覺否定孩子的原因。

因爲「孩子不聽話」而否定

無法停止否定的另一項原因是，「對方不聽話」造成的兩難。

當對方沒有照我們的期望行動時，我們很容易變得情緒化、焦躁。尤其在自己正趕著做某些事情、睡眠不足或肚子餓這種自顧不暇的狀況下，更容易因爲對方不聽話而怒火中燒，於是意氣用事。

無論本人意願如何，養育孩子是爸媽的義務。

我們必須掌握眼前的狀況，引導孩子走正確的路。

這份心意使我們湧現愛、使命感、責任感，並透過言語傳達給孩子。要是孩子不明白這份心意，我們就很容易瞬間變得心浮氣躁，甚至大發脾氣。

特別是責任感強、完美主義型的人，更容易因此而心浮氣躁。

更糟糕的是，明明愛著對方，卻被當下的憤怒情緒所支配，說出刻薄的話。

於是狀況一發不可收拾，否定式溝通變成了生活的常態。

讀到這裡，你是否也察覺自己有類似的狀況？

不過別擔心，只要培養「不否定的習慣」，留意自己每一次的反應，就能逐漸減少並停止對孩子的否定行爲。

否定孩子的風險❶

孩子的自我肯定感低落

我想先告訴各位一件事：

沒有孩子會因爲被否定而成長。

這並不是我個人的猜想，而是觀察過無數商業領導者與商務人士（也就是下屬）的關係後得出的結論。

商業世界也不存在「因爲持續被否定而成長的下屬」。

假如有個人每天被凶、被罵，上司老是要求他「做這個」、「做那個」，而他說的話、做的事全都被否定，你認爲這名下屬會怎麼樣？

首先，他會失去自信，放棄自主思考，接著愈來愈少發言，甚至再也不敢挑戰新事物。要是情況更嚴重的話，情緒也會變得不穩定，身體接連出狀況，於是開始變得不想上班，逃避和老是斥責自己的上司見面或交談。

最後，他可能會罹患憂鬱症，再也無法踏進公司一步。

請各位停下來想一想，自己是否也對孩子做出同樣的事情。

或許有人會認爲：

「親子之間有愛，所以否定應該沒關係吧。」

「孩子還這麼小，不會記得這種小事啦。」

但正因爲是親子關係，因爲是一家人，情況反而更複雜、風險更高。

在親子關係中，我們當然無法隨意將孩子「調動」到其他家庭。自己的孩子永遠是自己的孩子，當爸媽的永遠是爸媽、是監護人，無法逃避這份職責。

親子之間的相處和工作不同，需要好好建立一輩子的關係。這麼一想，就無法輕易斷言「一、兩次的否定，對孩子影響不大」。

平常隨口說出的話、用字遣詞，長時間積累下來，就像一記重擊，將重重打擊孩子的心，形成負面的親子關係。

親子關係是不會改變的，所以想改善相處情況，方法只有一個：

那就是**由父母來改變與孩子互動的方式**。

- **溝通方式**。
- **關心方式**。
- **動作、舉止**。

・態度、視線。

・家庭的氣氛。

・理想家庭關係的模樣。

與孩子、家人互動時，要時刻提醒自己以上這幾點。

媒體上談到教養的話題時，往往著重於孩子不愛念書、成績始終不見起色、老是忘東忘西、不聽話之類的問題，並探討各種改變孩子的方法和理論。

我在培育企業人才的實務上，也看到很多人只重視商品開發、業務手法、行銷策略和創新方法等方法面和理論面的東西。然而，組織內部的人際關係和氣氛，才是促進員工發想創意、自主行動、勇於挑戰，帶來創新與成果的關鍵。

在親子關係中，「對孩子的用字遣詞」、「希望與孩子建立什麼樣的關係」，這些也都是很重要的課題。

否定孩子的風險❷

孩子不再自行思考

否定孩子的第二個風險是：

經常否定孩子，會讓孩子變得無法（或不願意）自行思考。

「喂！門要記得關起來啊！」

「玩具要收好，聽到沒有？」

「我不是說過，在外面不要吵嗎！要我講幾次？」

「你怎麼又把飯打翻了，到底什麼時候才能學會好好吃飯？」

爸媽可能基於必要而使用指示、命令的語氣，試圖控制孩子的行爲。

有些時候確實需要這種教導「生活規範」的指示或命令。
不過，正如我在前言提到的，指示或命令的句子本身並不是否定，卻也具備構成否定的潛在風險。
假如以生氣、責備的語氣說孩子什麼事情沒做，或是什麼事情沒做好，那就是否定。
如果換成公司裡上司與下屬的情況，相信各位就能理解我的意思。
上司指示或命令下屬很正常，交代下屬做某件事、叮囑明天要整理好資料並提交，這些都不是否定。
然而，如果是下列這種說法，怎麼看都是否定：
「我不是叫你做這個嗎！」
「你到底都在幹什麼！什麼時候才要做事？薪水小偷啊？」
「你還記不記得自己的工作是什麼？公司請你來工作，不是請你來玩的，好好做事！」

即便是相同的指示和命令，但語氣刻薄，那就是否定。

回到孩子的話題。

如果爸媽持續以刻薄的語氣指示或命令孩子，例如：「好好做！」「要講幾次你才懂！」孩子總是心不甘情不願地聽命行事，如此下去，孩子會養成什麼樣的觀念？各位不妨想一想。

孩子會這樣想：

「與其自己思考、自己做決定，不如閉上嘴巴，聽父母的話還比較輕鬆。」

如此一來，孩子將完全放棄自己思考、自己做決定，只服從父母的意見，最後變成被動等待指示的人。

這絕對不是我危言聳聽。

當我問當爸媽的人：「希望孩子長大後成爲什麼樣的人？」很多人都回答：「我希望孩子長大後，成爲有主見、自律、意志堅定的大人。」

但實際上，很多人教育孩子的方式卻是反其道而行，總是採取「否定式溝通」。

出於「必須好好教育孩子」的使命感，或是因爲孩子沒有照自己的期望行動而心浮氣躁，使得我們採取了否定式溝通卻不自知。

我理解養育孩子的過程中很難完全避免說出這樣的話：「快去○○！」「不可以××！」「我之前說過了！」「你什麼時候才學得會！」

既然如此，不妨觀察一下自己平時對孩子的說話方式，是不是對孩子說出帶有否定意思的指示或命令？從孩子早上起床到上學這段時間，是不是對孩子說出好幾次這樣的話？

希望各位養成習慣，像這樣留意自己平時的說話方式。
觀察自己的言行舉止，是建立不否定習慣的第一步。

否定孩子的風險❸

孩子會形成負面的自我形象

否定孩子的第三個風險是：

否定的話語可能會造成孩子的心理創傷。

公司裡上司與下屬，或是夫妻之間也一樣，說出否定話語的人，可能說過就忘了，但聽的人卻會一直記在心中。

成年人面對否定話語，頂多「耿耿於懷」，但對孩子來說，爸媽的一句話就有可能造成心理創傷。

或許有人會覺得：「這樣就造成心理創傷，也太誇張了……」

退一步來說，如果不是造成心理創傷，而是形成那個人的某種信念，或是自我形象呢？

自我形象即人認爲「自己是怎麼樣的人」。雖然自我形象是人對於自己的認知，但這份認知卻有可能是他人植入的。

舉個例子，有個人因爲缺乏自信、無法積極行動而感到苦惱。究其原因，才知道這種狀況源自小時候父母對他說的一句話：

「你什麼事都做不好，最好不要出風頭。」

這正是爸媽的否定話語造成心理創傷的例子。這種否定又比其他形形色色的否定更危險，因爲這有可能對孩子日後的行爲與生活方式造成深遠的影響。

「我什麼事都做不好。」
「出風頭肯定沒好事。」

類似這樣的自我認知偏誤，導致孩子將自己定義爲消極的人，選擇低調，甚至壓抑自己做想做的事情。

或許有些讀者會想：「我再怎麼樣也不會對孩子說出這種否定人格的話，不會有問題的啦。」

那我舉個例子，看到讀幼兒園的孩子一直很煩惱自己記不住成果發表會要表演的內容，爸媽可能會說：「既然你記不住，舞台上最好不要出風頭，以免給其他孩子添麻煩。」這種情況其實在日常生活中意外地常見。

否定的話語往往是出自特定的情境。

爸媽可能是因爲看到孩子很煩惱的樣子，才想要給孩子一點建議，然而，孩子會慢慢忘記當時的情境，只記得「你什麼事都做不好，最好不要出風頭」這樣的否定話語。

這稱作「極端的抽象化」，尤其是小孩子，特別容易發生這種現象。有時，抽象化後的否定話語會深深烙印在孩子心中，成爲長大後仍揮之不去的心理創傷。

所以說，否定孩子，造成的影響是非常深遠的。

我記得自己小時候與母親有過這麼一段對話。

當時我告訴母親：「我去〇〇家

▶ **否定的話語會在孩子心中植入負面的自我形象，甚至造成心理創傷**

玩，他們請我吃蛋糕、喝紅茶！」母親聽了竟然對我說：「那你就去當○○家的小孩好了。」

或許當爸媽的都曾不經意地說出這種程度的話。然而，這樣一句微不足道的話，有時卻會成爲孩子心裡的傷。

我從事教練工作時，也經常聽到客戶說：「我無法原諒父母當時對我說的那句話……」

每每聽到這種話，我都再次體認到，父母說的話會在孩子的心中留下多麼深刻的印象。

否定孩子的風險❹
孩子被迫接受「爸媽的想法」

否定孩子可能造成的第四個風險是：

當爸媽的可能出於對孩子的關心，不自覺地將自己的想法或價值觀強加於孩子身上。

孩子或多或少都會受到爸媽的影響。有研究顯示，孩子容易喜歡上爸媽喜愛的事物。爸媽如果是公司經營者，孩子未來也很有可能走上相同的路。

不過，我所謂「將自己的價值觀強加於孩子身上」，並不是指這類事情。

而是當爸媽的很容易將自己認爲對人生「有益」、「重要」的事情灌輸給孩子，例如：

「英語在未來很重要，所以要讓孩子學好英語。」

「希望孩子成爲醫生，所以從小學低年級就要開始補習。」

像這樣，什麼都要管的爸媽，可能會過度干預孩子的人生方向，提前替孩子安排好一切，規定所有要做的事情。而正如前文多次提到的，這種行爲通常是出於愛和責任感。

「替孩子安排好」本身並無不妥，某種程度上，爸媽都會「希望讓孩子做

▶ 爸媽不自覺地將自己的想法、價值觀和人生選擇強加於孩子身上

某件事」。不過，一旦這種想法過了頭，便有可能否定孩子的意願、想法，企圖讓孩子完全照自己的意思行動。

這種狀況就和脾氣失控一樣，一旦否定式溝通成爲常態，爸媽的態度會變得更強硬，一定要孩子接受自己的價值觀。

孩子或許無法像大人一樣思路清晰。

但孩子還是有自己的想法與感受。

一般而言，孩子都非常喜歡自己的爸媽，願意順從爸媽的意見，努力達成爸媽的要求。

但是爲人父母千萬不能濫用這一點。請反思自己有沒有強迫孩子接受自己的價值觀和要求。

已經是大人的爸媽，比起孩子，當然更了解世事。

但即便如此，我們也應該想想，強迫孩子接受爸媽照自己的常識做出的判斷，眞的是爲了孩子好嗎？

專業的商業教練並不會給予客戶建議。

事實上，客戶前來諮詢的煩惱，大致可以分成十類。我長年從事教練這份工作，一聽到客戶提出的問題，腦中就會立刻冒出解決方案。

但我不會直接提出建議，也不會企圖去控制客戶的思考與選擇。

運用教練學的技巧時，有個重要原則，那就是**「相信對方有能力自行得出答案」**。如果教練照自己的想法指示答案或選擇，那是在剝奪客戶自行開創人生的機會。因此教練的工作嚴禁誘導客戶思考。

孩子擁有無限的可能性，當爸媽的若強迫孩子接受自己的想法，難保不會限縮了他們的可能性。

說得誇張一點，當爸媽的可能出於自己的常識判斷，無意間扼殺了一個嶄新的創意和想法。

換句話說，**父母的職責是避免扼殺孩子的可能性**。

因此，請養成習慣，當你感覺自己產生否定孩子的念頭時，問問自己：

「這會不會只是我的成見？」

否定孩子的風險 5

家庭失去避風港的意義

縱使當爸媽的並沒有惡意，仍可能不自覺地否定孩子。

「否定孩子」的第五個風險，是因爲否定造成孩子自我肯定感低落、自信萎靡，積年累月下來，家庭在孩子心中便失去避風港的意義。

當爸媽的再怎麼出於關心而否定孩子，孩子當下也無法理解「否定是愛的另一面」，要等到長大成人之後才能夠體會。

不過，也不是所有的否定話語都不能說。

舉例來說，「別再玩了，快去念書」是很常見的否定話語，但鮮少會造成孩子一輩子的創傷。

本書探討的否定，並不限於這種命令式的否定。

而是包含強烈的情緒性用詞，除此之外，隨意的態度、冷淡的言詞、不認眞聆聽孩子說的話和意見……這些態度、舉止都可能傷害孩子的心。

被爸媽否定時，孩子感受到的負面情緒固然有大小之分，然而，即便是大人認爲無足輕重的言語、態度或舉止，這些小小的負面體驗也會留在孩子的無意識中。

這些負面體驗會在親子關係中留下一道小小的裂痕，累積了幾年、十幾年之後，裂痕就有可能演變成無法修復的嚴重損害。

重要的是，爸媽和家庭要成爲能夠讓孩子安心的存在，打造孩子可以安心生活的環境。

倘若否定式溝通成爲常態，那麼，這個家對孩子來說將不再是能夠令人安心的避風港。

舉例來說，如果孩子覺得爸媽不會認眞聽自己說話，只會否定，這麼一來，孩子在學校或交友上遇到煩惱時，也不可能找爸媽商量。

不專心聽對方說話也是一種否定。當爸媽的不認眞聽孩子說話，會造成孩子莫大的心理負擔。

我們都希望自己在外面碰上各種問題的時候，家人能夠給予支持或理解。

如果家庭裡總是充斥著否定，孩子無論在家庭內外都無法感到安心。如此一來，孩子就會向外尋找可以讓自己安心的群體。

等到孩子上了國高中，可能會愈來愈晚回家，甚至能不在家就不在家，愈來愈少和父母對話。

這眞的是我們希望的嗎？

當你拿起這本書的時候，正是一個改變的機會，可以好好想想，家庭裡，不管是親子關係或夫妻關係，是否存在「否定的習慣」。

就從自己開始做起，將家庭裡的否定習慣，變成不否定的習慣吧！

至此，我們探討了在教養的過程中，否定孩子的風險有大。

接下來的第二章，我們將討論在家庭裡實踐「不否定孩子」的重點。

第2章
實踐「不否定孩子」的重點

「否定」分兩種類型

要如何做到「不否定孩子」？

在思考這個問題之前，首先要了解，在教養孩子的過程中，有哪些否定孩子的行爲？

廣義來說，「否定」可以分爲兩大類：

1 有意識的否定

2 無意識的否定

第一種「有意識的否定」，代表性例子是「當孩子做出危險舉動時出聲斥責」。

第三章會詳細探討這類情況，簡單來說，當孩子面臨危險或緊急情況時，否定並不是壞事。

不過，表達的方式和語氣仍然很重要。要是因爲一時著急而對孩子說出否定的話語，將情緒發洩在孩子身上，那就不好了。

第二種「無意識的否定」，則是說話者沒有意識到自己否定了對方。

那麼，教養的過程中，有哪些「無意識的否定」？

以下舉幾個例子：

- 直接指示：「作業寫完再看電視！」
- 翻舊帳：「你怎麼又忘了帶東西？」
- 佯裝成提問的攻擊：「你什麼時候才要收拾？」
- 比較造成的間接侮辱：「你看○○都做得很好。」

・威脅：「你連這點事情都做不好，以後長大怎麼辦？」
・忽視：「你做不做都無所謂，隨便你。」
・強迫孩子接受自己的價值觀：「事情會這樣是你的錯。」

我猜，很多讀者讀到這裡也不禁點頭，發覺自己說過類似的話吧？

像這樣列出「無意識否定」的例子，便能看出說話者的期望，例如：「希望孩子寫作業」、「希望孩子別再忘東忘西」、「希望孩子趕快收拾東西」。

爸媽試圖以合理的說法，告訴孩子自己的期望，卻在無意間形成了否定。

我曾經在百貨公司的美食街看到一位心情煩躁的母親對孩子吼道：「趕快吃一吃！笨蛋！」

我大吃一驚，但孩子挨了罵，也只是漫不經心地回了一句：「好啦。」

最後這對母子也是笑嘻嘻地離開。或許這位母親平時就很容易煩躁，對孩子來說，挨罵也是家常便飯了。

這種情況雖然屬於「有意識的否定」，但也反映出父母習慣透過罵孩子來排解壓力，形同無意識的否定。

儘管我們都知道「否定孩子不好」，但日常生活中，還是會不小心說出這種「無意識的否定」，或許這才是教養的眞實寫照。

話雖如此，正如第一章提到的，就算我們沒有那個意思，否定的話語也會對孩子造成負面影響。

那麼，該怎麼做才好？

這一章，我會帶領各位探討「無意識的否定」，分享我們可以怎麼做，以及有哪些重要觀念。

理解「孩子有孩子的狀況」

教養上要做到不否定孩子，有一項重要觀念，那就是：

理解「孩子有孩子的狀況」。

爸媽身爲歷練豐富且成熟的大人，大多時候，想法比孩子正確，這也是理所當然。但就算確信自己是對的，也希望各位別強迫孩子接受。原因在於，一旦抱持「我是對的」、「爸媽說的準沒錯」的論點，就無可避免地會否定孩子。

家人之間溝通時，最沒有意義的事情就是「爭對錯」。因爲重要的根本不是誰對誰錯，而是有沒有接納孩子的想法和心情。

我再重申一次，儘管爸媽大多時候是對的，但強迫對方接受自己的想法，就無異於否定對方。

即便你的意見「正確」，也只是就某個面向來說正確。一旦強加自己的意見在對方身上，就有可能讓對方陷入窘境、形成折磨。

再分享另一個重要觀念：

一味地強迫對方接受自己的意見，只會讓人際關係惡化。

這是理所當然的。雖然看似天經地義，但要意識到自己是否犯了這種毛病卻相當困難。

對孩子說：「你一碗飯要吃多久！趕快吃一吃去寫作業！」這很容易。

爸媽希望孩子快點吃完飯，才能收拾餐桌；希望孩子快點寫好作業，準備好明天上學的東西，然後早點睡覺。

但這終究只是「爸媽的希望」。

從爸媽的角度來說，能最快搞定事情的方法，就是叫孩子「趕快吃一吃去寫作業」。

縱使「早點寫完作業」確實比較好，但孩子也有自己的狀況，好比「現在還不想寫作業」。如果當爸媽的只顧自己的期望，單方面否定孩子，孩子將作何感想？

當你產生否定孩子的念頭，或是忍不住想發怒的時候，請在心中默念這句話：

「孩子有孩子的狀況。」

而且要明白，即使你詢問孩子有什麼考量，他們也不見得能解釋清楚。

爸媽：「趕快吃一吃去寫作業！」

孩子：「我不想。」
爸媽：「爲什麼？」
孩子：「就是還不想寫。」
爸媽：「你到底爲什麼還不想寫？」
孩子：「不知道。」

即使詢問理由，孩子可能也只會說「不知道」，甚至什麼也不說。

但這並不是因爲他們沒理由。

很多時候只是因爲他們沒辦法好好解釋自己的想法。

你小時候是否也有被父母質問原因卻默不作聲的經驗？

可能是因爲「不知道怎麼說」、「不想說」、「覺得說了父母也不懂」，又或者是連你自己都不清楚爲什麼說不出口。

「我很累，想再休息一下。」

「我今天和〇〇吵架，心情不好。」
「我眞的很想看這個節目，不然明天沒辦法跟朋友聊天。」
「我要到快來不及的時候才有動力。」
「你們自己還不是都拖到最後才做。」
「不知道爲什麼，但就是沒那個心情。」

儘管小孩子的表達方式不同，但背後的緣由可能與大人的想法沒什麼差別。

當爸媽的必須理解「孩子有孩子的狀況，只是沒有足夠的表達能力好好說明」。

告訴自己「要理解孩子的心情」

在教養這方面，「否定」的相反是「理解」。

更具體來說，是**「試圖理解孩子的言行」**，以及**「用言語表達自己對孩子的理解」**。

有些讀者可能會覺得：「如果什麼事都順著孩子的意，事情根本不會有進展！」我的意思當然不是「凡事都要順著孩子的意」。

只是希望各位提醒自己，要理解孩子的心情，先試著了解他們當下的想法、考量，以及不想做某件事的心情。

請務必將這一點記在心上。

想從孩子口中問出他們的想法，也有一些訣竅。

那就是給孩子思考的時間，告訴孩子：**「你先想一想，下次再問你時，要告訴我原因喔。」**

別期望孩子有辦法立刻表達自己的想法，也別期望孩子能立即做出改變或理解你的意思。

有時候孩子會找不到適當的詞彙表達自己的想法，整理思緒、組織語句也需要比大人更多的時間。我們要給予孩子表達的自由，讓孩子按自己的步調表達想法。

請抱著這樣的心態，等待孩子開口。

「否定的話語」和「否定性溝通」的負面影響會逐漸累積，同樣的，爸媽靜靜等待的行爲，也會一點一滴影響孩子，讓孩子逐漸改變、成長，學會更多事情。

不要著急，循序漸進展開對話，孩子整理好思緒後，自然會開口與你分享。

提高家庭的「心理安全感」

要做到不否定孩子，還有另一項重要觀念，也可以說是大前提，那就是：

提高家庭的心理安全感。

「心理安全感」是美國哈佛大學商學院教授兼組織行爲學專家艾美・艾德蒙森（Amy C. Edmondso）提出的概念，近年來在商業領域備受關注。

簡單來說，「心理安全感高」就是指組織裡的每一位成員都可以安心表達自已的想法和感受。相反的，若發生以下幾種狀況，則代表該環境「心理安全感低」：

- 在會議上和公司裡發言會挨罵。
- 提出想法或意見時會被嘲笑或忽視。
- 挑戰失敗時會被斥責。

一家心理安全感低的公司，會產生諸多弊端，例如：大家都怕被批判而在會議上選擇沉默、下屬不敢向上司表達意見、出了錯也無法與上司商量，於是選擇隱瞞，進而導致組織衰敗。

我認爲，**「心理安全感」在家庭裡更重要。家庭的心理安全感，可以解釋成「家人之間可以安心表達自己想法、感受並行動」**。

各位不妨也想想自己家庭的心理安全感高不高呢？

假設孩子擅自做了某件事情，身爲爸媽的你，會怎麼做呢？

・立刻否定。
・不合自己的意就生氣。
・覺得孩子說的話不必認眞聽。
・家裡潛在許多「禁止事項」。

這些狀況都意謂著「家庭的心理安全感低」。

如果孩子的心理安全感低，以下情形就會變成常態：

・害怕父母，什麼都不敢說。

即使失敗或犯錯也不會被否定
可以安心表達自己的想法、感受並行動

▶「心理安全感」在家庭裡更重要

・難以表達自己的意見。
・習慣觀察父母的臉色。
・只會聽父母的話，不會自動自發做事。

隨著孩子逐漸長大，慢慢的，孩子有事也不會找爸媽商量，甚至可能不想回家。

「家庭的心理安全感」遠比想像中重要。讓家庭成爲能讓孩子安心的所在，孩子也可以與父母安心相處。

公司禁止濫用職權，在家裡卻是慣犯

近年來，有愈來愈多公司主張「職權騷擾零容忍」，至少大家已經普遍意識到，利用自己的職權霸凌下屬或團隊成員是不對的事情。

然而，這種濫用職權的狀況，卻「變相」存在於親子關係之中。在公司裡，目擊職權騷擾的同事會向公司報告，受害者也會主動投訴，但家裡發生的事情，只有家人才看得到（只有極少數的情況下，外人才有辦法窺見他人的家庭生活），而且孩子對於職權騷擾也沒有概念，因此很少曝光。

因此，當爸媽的必須懂得自我約束。

當你生氣時，請問問自己：

「我這樣對孩子發脾氣，如果發生在公司裡，會不會構成職權騷擾？」

如果會構成職權騷擾，請改變自己傳達和提醒孩子的方式。

培養不否定孩子的習慣，就是防止這種事情發生的根本方法。

・不否定孩子（順帶一提，孩子被否定時會想要反彈）。
・不斥責孩子的失敗。
・認可孩子的人格。
・不認爲自己比孩子正確。
・別拿「禁止事項」過度限制孩子。
・與孩子互動時，抱持建立良好親子關係的原則。
・用孩子能理解的方式教導孩子。
・讓孩子知道爸媽是支持他的。
・孩子眞的做錯事情時，指正行爲之後，也要照顧孩子的心情。

實踐以上這些做法，提升家庭的心理安全感，你會看到效果慢慢出現，像是「培養孩子的自我肯定感與自尊心」、「孩子更願意積極挑戰事物」、「更常正面思考，採取正向的態度與言行」、「孩子和爸媽的情緒更穩定」、「家庭氣氛變好」等等。

提高「家庭心理安全感」的日常練習

▼訣竅1　保持愉快的心情與孩子互動

帶著笑容與孩子相處，這比什麼都重要。

就像公司裡如果有人總是不苟言笑，周圍的人也會漸漸疏遠他吧？不過，同樣的情況搬到家裡，我們卻可能不會留意。

你在家有多常展露笑容？

說的極端一點，**我們的目標是要讓孩子覺得「爸爸、媽媽總是笑咪咪的」**。

孩子不小心把食物到地上，你會破口大罵，還是開懷大笑？

別忘了，父母的反應對孩子的心理安全感有很大的影響。

即使生活繁忙，也要記得保持愉快的心情。**無論是工作上的事、孩子說的話，還是孩子犯的錯，都藏著能夠笑著看待的部分。**

找出日常生活中的小小「樂子」，並且好好享受。爸媽享受生活的模樣，也會大大影響孩子。

任何事情都能找出樂子的心態，是建立家庭心理安全感的重要訣竅。

▼訣竅2　用心傾聽並認可孩子說的話

與笑容同樣重要的，是「用心傾聽並認可孩子說的話」。

很多人面對家人時，會因爲覺得「反正是自己的孩子」、「反正是一家人」而鬆懈，表現出來的態度就不像面對同事或客戶那樣。這本身並不是壞事，但也有很多人因此就隨便對待孩子，對孩子說的話也是左耳進右耳出。

我們要提醒自己，孩子說話時，要看著孩子的眼睛，認眞傾聽。只要將這件事養成習慣，孩子也會感覺到「爸爸、媽媽願意好好聽我說話」、「就算在學校大家都不了解我，可是爸媽懂我」。

更進一步來說，每次說話時都要「看著孩子」。例如，孩子出門和回家時，要放下手上的手機或手邊的家事，身體轉向孩子，看著孩子的眼睛說「路上小心」或「你回來了」。

這些微小的習慣積累下來，便能提高家庭的心理安全感。

▼訣竅3　珍惜相處的時間，一起做些事情

與孩子相處時，除了做到不否定，也要珍惜相處的時間。

小學中年級或高年級的孩子，會花更多時間獨處或自己出去玩。然而，盡量增加與孩子相處的時間，一起做些事情，也很重要。

大人之間可能會透過「共進午餐」、「喝酒交流」來維繫感情，面對孩子，則可以找時間一起玩遊戲、做運動、散散步、看看書，拉近彼此的距離。

▶ 提升家庭心理安全感的訣竅

① 不管微笑、大笑，多展露笑容

② 看著孩子的眼睛，用心傾聽並認可孩子說的話

③ 珍惜相處的時間，一起做些事情

▼訣竅4　告訴孩子希望建立什麼樣的關係

可以試著告訴孩子「媽媽希望成爲你的好朋友」、「爸爸希望我們一家人之間想說什麼就說什麼」。這沒什麼好害羞的，如果眞的說不出口，也可以請另一半或爺爺、奶奶，甚至老師代爲傳達。

別以爲孩子聽不懂這麼複雜的事情，其實他們都有聽進去，並且在成長的過程中慢慢理解其中的意涵。請將這件事情想成長遠的投資，思考希望建立什麼樣的親子關係，並選擇適當的用詞，與孩子分享。

▼訣竅5　擁抱或肢體接觸

需要好好教導孩子時，比起只用說的，如果還能一邊摸摸孩子的頭，或是讓小小孩坐在自己腿上，那麼即使要說的事情嚴厲了點，孩子的感受也會截然不同。

經常抱抱孩子或拍拍孩子的背，這種肢體接觸可以累積心理安全感。

▼訣竅6　不破口大罵

千萬不能對孩子破口大罵，否則會大幅降低孩子的心理安全感。大人必須好好理解這件事情，並約束自己的言行。

話雖如此，在教養孩子的過程中，恐怕很難完全避免這種狀況發生。如果眞的不小心說了不好聽的話，冷靜下來後，務必以溫柔的語氣再次傳達相同的內容。

▼訣竅7　不質問孩子

千萬不要咄咄逼人地質問孩子：「爲什麼說謊？」「爲什麼還沒〇〇？」「這不是你自己決定的嗎？」即使語氣再平靜、措詞再溫和也不行。

有時候平靜地質問，對孩子來說，可能比破口大罵更恐怖。

各位讀到這裡有什麼想法？

以上每一件事情單獨來看似乎都很簡單，然而，在眞實的生活中，「忙碌」會形成阻礙，要持續落實這些簡單的事情反而是最困難的。

我在擔任商業教練時也會強調「聽得懂」與「做得到」的差別。

千萬別認爲自己看了書就懂了，日常生活中，與孩子相處時，請務必一點一點嘗試這些訣竅。

心理安全感不是一朝一夕就能建立的。

唯有持續做到這些小事情，才能保障家庭的心理安全感。

給自己「無條件原諒孩子」的選項

要做到不否定孩子，給自己「無條件原諒孩子」的選項十分重要。這項重要的觀念，是讓我們與孩子建立良好關係的起點。

我曾經參加一場爲期十天的冥想體驗營，練習一種稱作「內觀」的冥想方法。以下是體驗營的一位同伴分享的故事。

有一天，他人在客廳，察覺平常吵吵鬧鬧的三歲兒子異常安靜，於是抱著不祥的預感前去一看，發現兒子竟然在他婚前買的超高級沙發上尿床了。那時孩子看電視看到睡著，結果就這麼尿在沙發上。

如果是年輕的時候，他肯定勃然大怒。但當時，他在冥想體驗營學到的「慈心禪」發揮了作用。

「慈心禪」的意涵就是「無條件原諒傷害自己的人」。

無論對方是無心的過失，還是蓄意的傷害，都要無條件地原諒。

他是這麼說的：

「小孩子嘛，會尿床也是正常。而且，我讓孩子坐在那張沙發上的時候，就該料到會發生什麼事了。這也沒辦法啊。反正清理一下就乾淨了，沒事。」

因爲學過冥想，他當下並沒有斥責孩子，而是冷靜地選擇了原諒（雖然心情低落了兩、三天）。

我分享這則故事，並不是呼籲大家也去學冥想。

我只是希望大家能抱持「今天就原諒他吧」、「這種事情在所難免」的心態，諒解、包容孩子的過失與過錯。

各位回想自己小時候，應該也能明白小孩子就是動不動會犯錯。大人犯的錯之所以沒有小孩子那麼多，只是因爲小時候已經搞砸過很多次、也犯過很多錯了。

因此，重要的是接受**「小孩子就是會這樣」**。

這麼一想，便能像那位父親一樣，覺得「把這麼貴的沙發放在那裡的自己才有錯」。

孩子會一輩子記得「弄髒沙發而被罵到臭頭」的感受。

沙發髒了可以洗，甚至可以換。可是親子關係一旦破裂，就很難修復。

重要的是對孩子表現出無條件的愛。就算責備孩子，也要原諒孩子。

請各位想一想，自己給孩子的，是不是有條件的愛呢？

將「命令口吻」改成「詼諧語氣」

常有人說「養小孩要懂得忍耐」。

小孩子和大人不一樣，有很多做不到的事情，而且也不會照著大人的想法行動。

叫孩子刷牙、收東西，孩子卻完全不聽話的情況數也數不清。我家現在也經常發生這種情況，次數頻繁到教人受不了。

這種時候，我們會開始心浮氣躁，心想：「你爲什麼都不聽話！」

自己的孩子本來應該好好疼愛的，卻愈來愈常用命令的口吻叫他們「不可以這樣」、「不可以那樣」、「做這個」、「做那個」。

看在孩子眼中，這不過是爸媽仗著絕對的權力要求自己聽命。這樣對孩子來說當然不好，一直碎碎念的爸媽也會精疲力盡。

一旦這種情況變成常態，家庭的心理安全感就會崩潰，家庭氣氛也會令人喘不過氣來。

換個語氣，氣氛就大不相同

如果你正爲此所苦，我要推薦一個妙招。

那就是表達自己的想法時，在句尾稍微變化，軟化命令的口吻。

要怎麼軟化呢？答案是用「詼諧的語氣」表達，例如：

「不可以那麼做……吧？」

「不可以那麼做……對吧？」

「不可以那麼做……應該吧？」
「不可以那麼做……要是我這麼說的話，你怎麼辦？」
「不可以那麼做……我什麼都沒說。」
「不可以那麼做……唉呦，你已經做了。（笑）」
「不可以那麼做……哇！住手，不可以！」

以上只是一些範例，不過這些說法都會出現在我們家。（笑）推薦各位也像這樣，話說到最後稍微扭轉一下語氣，用詼諧的方式表達。

當你感覺自己就要用命令的口吻責罵孩子時，就算必須提醒孩子，還是可以採取不會破壞家庭氣氛的表達方式。

話說到最後稍微扭轉一下語氣，就能一下子軟化命令的口吻，緩和氣氛，也能避免雙方變得情緒化。

此外，這麼做也能讓家人間的對話變得更歡樂。

「我不是說過不可以嗎！咦，我有說過嗎？」

「我不是說過不可以嗎！還是是別人說的？」

「我不是說過不可以嗎！但你應該忘了，畢竟我是三天前說的。」

「我不是說過不可以嗎！但也許是我的表達方式不好。」

這很像搞笑藝人拍檔 PEKOPA 的表演風格，我形容爲「不否定的搞笑」。

搞不好孩子聽了也會打趣地回應你：「媽媽在說什麼啊？聽不懂啦。」「你才不是三天前說的，是上禮拜啦。」

當你改變表達的方式，對方的回答和反應也會隨之改變。對話狀況改善，心理安全感也會提升。要知道，這種輕鬆的幽默感，正是人與人相處的潤滑油。

順帶一提，我在指導其他教練時，也會提醒他們說話時穿插幽默感的重要性。

因為教練與客戶之間討論複雜的議題，或是談話直來直往的情況下，特別容易形成緊張的關係。幽默感可以有效緩解緊張，這也是教練應具備的能力之一。

「禁止認眞生氣」原則

我有位朋友是即興劇演員，他曾經和我分享這一行有所謂「禁止認眞生氣」的原則。

即興劇沒有既定的劇本或台詞，演員必須順著台上的狀況即興發揮，編出台詞，對手演員也要即興想出台詞來回應，讓劇情發展下去。因為無法預期接下來的發展，即興劇的舞台上其實充滿了未知的緊張感。

正式演出時，演員很容易會被對手演員的台詞激怒，或是碰上劇情走向不如自己預期的情況。這種時候如果衝著對手演員「認眞生氣」，會把氣氛弄僵，觀眾也會察覺這股劍拔弩張的緊張感。一旦搞砸舞台的氣氛，之後無論劇情怎麼發展，也無法製造笑料了。

我認爲這項原則同樣適用於家庭。

當然，爸媽不是搞笑藝人，也不是專業演員，或許會認爲自己不需要具備將事情轉換成笑料的能力。

不過，眞的是這樣嗎？

我相信許多人結婚時，或是孩子出生時，都期待打造一個充滿歡笑、和樂融融的家庭。

管教孩子、教導孩子正確的事情固然重要，但**管教與歡笑並不衝突**。

每天對著孩子破口大罵，用命令的口吻要求孩子做這個、做那個，對孩子和爸媽來說都不是件開心的事情。

我們要隨時留意家庭的氣氛。

家中是否充滿了緊張感，又或是一片死寂？

別忘了替家裡透透氣，緩和氣氛，讓生活過得開心一點。

千萬別忘了**「禁止認眞生氣」**！

別強迫孩子做「正確的事」

孩子上小學後，讓他們自己決定要做什麼

「牽馬近水易，逼馬飲水難。」

這是英國流傳許久的一句諺語。

如今已成爲人際關係輔導上的一大原則。

容我再次重申，當爸媽的比孩子擁有更多經驗和知識是理所當然的。

但這並不代表「我是爸媽，我說的準沒錯」、「孩子應該聽我的」。爸媽將自己的想法強加於孩子身上，甚至強迫孩子照自己的意思行動，那就是

在否定孩子。

以下是一位父親與高中生兒子的對話。

父親：「我認爲你一定要出國留學。」

兒子：「那只是爸爸想讓我去而已吧。」

父親：「我讀高中的時候，也是因爲父母要我去，我才去的。可是去了以後，發現那眞的是一次很棒的體驗，直到現在，對我的人生依舊有很大的幫助。」

兒子：「可是那是你啊。」

父親：「不過，趁年輕體驗這些事情眞的很重要。」

兒子：「好啦好啦。」

雖然不一定是留學，不過像這樣，爸媽試圖叫孩子做某件事情的狀況應該很常見，你可能也曾經這麼做。

或許這位父親的建議十分中肯，也是出於愛與善意，願意支付留學費用，讓兒子經歷同樣的美好。

然而，將這份想法單方面強加於孩子身上，孩子可能會感覺「自己被否定」，於是反彈。

因爲孩子有自己的考量和狀況，也有自己的感受。再者，每個人理解事物的速度和時機也不盡相同。

或許孩子心裡想的是：「我知道留學對未來有幫助，也不是完全不想去。但我不想離開朋友長達一年，如果是短期留學的話，或許可以試試看。」

即使是爸媽，也沒有權利無視孩子的考量和狀況，強迫他們做某件事情。孩子不是爸媽的所有物，而是擁有人格的獨立個體。

話說得重一點，「因爲自己知道是對的，所以要求孩子去做」的想法，完全是父母的私心作祟。

這形同強行拖著馬到水邊，又逼馬喝水。

如果你希望孩子聽勸，請避免說出「這麼做一定比較好」、「這是理所當然的」、「這樣才對」之類的話。

重要的是讓孩子自己選擇。也就是將馬牽到水邊後，讓馬自己決定要不要喝水。

詢問孩子意見時，要給孩子做決定的空間。

我們可以這樣說：**「我覺得這麼做滿好的，你覺得呢？」**

以留學的例子來說，可以分享自己留學時的快樂經驗，或是留學對自己有幫助的地方，促使孩子主動產生想要留學的念頭。

務必留意，不要擅自替孩子做決定。千萬別劈頭就斷定「你一定要出國留學」、「我讓你去留學」。

再次強調，**孩子的人生是他自己的。**

不要強迫孩子走某條路，而是提供幾個選項，讓孩子自己做決定。這樣孩子也會感受到爸媽尊重自己的意見和想法，知道可以自己做選擇。

教養是一場長時間賽跑，大多時候都不需要像做生意那樣講求速度。反而要抱著輕鬆的心情，靜靜守候孩子自己慢慢成長、愈來愈懂事，並且享受這項過程。

接下來的第三章，將討論如何用「不否定的表達方式」與孩子溝通，尤其會談到教養現場可以說再稀鬆平常不過的「責備」問題。

第3章
不否定孩子的「表達」和「責備」方式

溝通分三種類型

在談論「不否定孩子的表達方式」之前，先來爬梳一下「溝通」這回事。

我將「溝通」分成以下三種類型：

1 表達。

2 傾聽。

3 討論。

很明顯，「表達」和「傾聽」是單向溝通，「討論」則是雙向溝通。

與孩子溝通時，如果能夠清楚知道自己當下做的是表達、傾聽、討論這三者中的哪一種，溝通的品質就會有所轉變。

如果無法區別，很可能就會出現「原本應該傾聽的，不知不覺中卻變成自己在說話」的狀況。

那麼，教養現場時不時會發生的「責備」，屬於哪一種溝通類型呢？

「責備」屬於「表達」。

我認爲，「責備」這項行爲，換個方式說，可以定義爲「上對下的單向表達」。

重點在於雙方存在「上對下」的權力關係，就是因爲有這層關係，才需要特別留意責備的方式。

想了解「不否定孩子的溝通方式」，首先，要好好思考「責備」是怎麼一回事。

「責備」並不一定是否定

教養的過程中，勢必會面臨「必須否定孩子」、「應該優先選擇否定」的情況。

那麼，什麼樣的情況需要「優先選擇否定」？

那就是不立即否定的話，會發生危險或造成困擾的情況。

舉例來說，逛完購物中心，到了停車場，孩子突然朝著家裡的車子跑過去。

這時得立刻大喊：「不要跑！」「停！」制止孩子的行動。簡單來說，就是監護人有必要下達指示、命令的情況。

即使不是會危及生命的情況，比方說，孩子用手指亂戳超市的包裝肉品時，也應該出聲制止：「不要亂摸！」（順帶一提，這是我家平常會碰到的困擾。）

在這種需要緊急制止孩子的時候，存在「上對下」權力關係的「責備」並非壞事，甚至是應當的行爲。

題外話，在商業上，領導者會根據下屬的經驗或知識程度，判斷緊急狀況發生時需不需要介入指導，這稱爲「情境領導模型」。

然而，面對孩子時，由於孩子的經驗遠比大人少，所以很多情況下勢必得立即制止孩子的危險行爲。

不該出現的責備方式

「責備」並不一定是壞事，但還是有一些「不該出現的責備方式」。

最不該出現的，莫過於意氣用事，將情緒發洩在孩子身上。

絕對不能爲了宣洩自己的負面情緒而責罵孩子。

在商業上，對下屬可以「責備」和「叮囑」，但「發脾氣」是絕對不能做的事情。在歐美國家，人們普遍認爲無法控制情緒的人不成熟，不適合擔任管理職位。

心煩意亂時，任何人都無法冷靜判斷事情。

想要徹底控管情緒確實十分困難，正因爲如此，才會有這麼多關於憤怒管理的觀念與情緒控制的書籍。

我希望各位記住下面這句話：

不要受到個人情緒擺布，出言傷害孩子。

舉例來說，當你坐在客廳煩惱工作或人際關係的問題時，一旁年紀還小的兄弟檔突然吵了起來……

如果是平常，看到兄弟倆吵架，你可能不至於嚴厲斥責。

偏偏當下你正因爲其他事情而煩躁不已，結果就忍不住破口大罵：「安靜！別爲了那一點小事吵架好不好！」

這顯然是將自己的負面情緒發洩在孩子身上。

孩子被這麼一罵，搞不好會被那惡狠狠的語氣嚇到哭出來。

嚴格來說，這根本不是責備，只是亂發脾氣罷了。

這種「亂發脾氣」的否定，會造成親子關係的裂痕，讓孩子愈來愈膽怯。長期累積下來，孩子恐怕再也無法敞開自己的心房，只會察言觀色，試圖討好父母。

我們要留意自己當下的情緒，不要受到個人情緒擺布，出言傷害孩子。各位也看過某些爸媽罵孩子的聲音遠比孩子吵鬧的聲音來得大吧？**面對孩子，可以有目的性地「責罵」，但不能情緒性地「發脾氣」。**

不要瞬間反應，先「聽」再說

可以有目的性地「責罵」，但千萬不能情緒性地「發脾氣」。道理我們都懂，實際做起來卻沒那麼簡單。我要提醒各位：**碰上令你產生負面情緒的事情時，「不要瞬間反應」。**

當你發現孩子拿油性筆在牆上大肆塗鴉，是不是很有可能當場理智線斷裂，開口痛罵孩子一頓？

此時，請試著給自己三秒鐘，喘口氣，緩和情緒。給自己喘口氣的時間，就能避免情緒瞬間爆發。

那麼，接下來要怎麼做？

接下來，請讓自己習慣「平心靜氣地聽孩子說話」。

換成商業情境，這就相當於「先聽下屬怎麼說」的傾聽技巧。

過去在業務員的圈子裡，都是由業務員先向客戶介紹產品的性能；然而，現在「先傾聽並了解客戶的需求」才是常識。

有趣的是，很多優秀的業務經理明明很懂得傾聽客戶的心聲，不知何故，卻不會聆聽下屬的意見，總是自己先開口。

上司可能是認為自己經驗豐富，或希望下屬快點成長的念頭太過強烈，結果反而忽視了「傾聽」。

前面提到，溝通可以分成「表達」、「傾聽」、「討論」三種類型。

理想的溝通順序應該是這樣：

「傾聽」↓「討論」↓「表達」。

或是：

「傾聽」↓「表達」↓「討論」。

無論哪一種，都是**先從「傾聽」開始**。

怒火平息後，請先從「傾聽」開始溝通。

希望各位都養成這樣的習慣。

▶ 傾聽「孩子想說的話」，別說「爸媽自己想說的話」

不讓孩子覺得被否定的責備方式

不論是運動還是任何領域，如果沒有做好熱身或其他事前準備，都會提高失敗的機率。因此，想要克制住即將爆發的情緒，能夠冷靜、適當地「責備」，也需要做好事前準備。

在公司裡，下班時間一到，說聲「明天見」，上司與下屬就可以暫時切斷彼此的關係，等明天再重啓關係。然而，親子之間無法如此，要是不慎用錯誤的方式責備孩子，孩子與爸媽仍然繼續在同一個屋簷下生活。

因此，我們要思考自己希望透過「責備」達到什麼目的，這很重要。

「我希望最後發展成什麼樣的對話？」

「我想和孩子建立什麼樣的關係？」

「我希望促成孩子什麼樣的行動？」

事前思考過這些問題，我們的表達方式和傾聽方式都會大不相同。

突然破口大罵，講一堆自己想講的話，孩子根本也沒做好心理準備要聽你說話。

所以，責備孩子時，請按照以下五個步驟，讓孩子做好心理準備，再表達你想說的事情。

責備的五步驟

▼步驟1　取得許可

「我有話想跟你說，可以嗎？」

「你可以暫停一下遊戲，坐下來聽我說話嗎？」

不要突然破口大罵，先向孩子徵詢許可。詢問時，最好帶著微笑，避免造成孩子的不安。挑孩子心情好或情緒平穩等比較好溝通的時機開口，也是個辦法。

接下來這一步很多人會忘記，記得：要等到孩子回覆「好」，對你的徵詢表示「同意」，取得共識後，再開始表達你想說的事情。

要是忽略這些細節，後續就很容易造成摩擦或誤解。因此，即便麻煩，開頭的部分一定要確實做好。

▼步驟2　告知主旨，營造安全空間

取得同意後，明確告知孩子你要談的事情，讓孩子安心。比方說：

「我想聊聊〇〇。」
「我想談談上次那件事。」

▼步驟3　表達情緒

孩子會很在意爸媽的心情，因此，請告訴孩子你的情緒。比方說：

「其實我有點生氣。」
「我有點擔心你。」

接著再補充說明「現在」的情緒，比如告訴孩子你現在已經不生氣了，還可以進一步提升孩子的安全感。

▼步驟4　表達意圖，形成共識

先表達你的意圖，比如「我想和你一起解決這個問題」，接著再詢問

「可以嗎」、「能一起聊聊嗎」，再次形成共識。

▼步驟5　先讓對方說話

「那我們就來聊聊吧。你記得那時候的事情嗎？」

「可以的話，希望你能告訴我發生了什麼事情，還有你在想什麼。」

在孩子把話說完之前，盡量不要插嘴。不要糾結於實際情況與因果關係如何，**重點是了解孩子的心情與孩子這麼做的理由**。

各位覺得如何？

這五個步驟是我平常擔任商業教練時教給領導者的方法，只不過情境是「給予下屬回饋的五個步驟」。

這幾個步驟只要熟悉之後，其實非常簡單，但很多人卻不知道要這麼做。

讀到這裡，你可能會疑惑：「咦？面對大人的說話技巧，面對孩子時也用得上嗎？」

別擔心，我自己和孩子的對話時也會運用這五個步驟，已經證實有效。

請務必嘗試看看。

試過之後你會發現，「責備」這種高難度的溝通，從此變得非常流暢。

補充一點，這五個步驟可以在孩子做出讓你想要罵人的事情當下使用，也可以過了一段時間再使用。

責備之前，先認可孩子

有時候，爸媽出言制止孩子，不是因爲孩子做出危險行爲。

例如，孩子在家裡亂丟東西時，我們會出言制止孩子：「不可以亂丟！」孩子挑食，不吃某樣東西時，也可能會命令孩子：「不可以挑食，要全部吃光光！」

這種時候，有一項溝通技巧很有效，那就是**「先認可」**。

舉例來說，孩子準備亂丟東西時，可以試著問：「啊，你要丟那個喔？」孩子挑食時，與其責罵孩子「不可以挑食，要全部吃光光」，不如溫和地說：「哦，你不想吃這個啊？」

聽到爸媽這麼說，孩子就會意識到自己的行爲：「我正打算亂丟東西」、「我選擇不吃這個」。

有些時候，孩子做出某些行爲是出於反射，他並沒有意識到「自己正在做什麼」。因此，**光是讓孩子意識到「自己正打算做什麼」，就能讓他重新思考自己的行爲。**

對於那些爲了吸引爸媽的注意而搞怪的孩子來說，只要「爸媽發現自己在做什麼」，孩子就心滿意足了。

再舉個例子，某個天氣很冷的日子，爸媽發現孩子穿得很單薄就準備出門，這時，可能會出現以下這樣的對話：

爸媽：「穿上外套再出門！」

孩子：「我不要！」

爸媽：「晚上會變冷，穿上！」

孩子：「我不會冷，我不穿！」

爸媽：「不要廢話那麼多，趕快穿上！」
孩子：「我絕對不穿！」

我們可以試著換成以下的表達方式：

爸媽：「你今天要穿這樣出門啊？不穿外套嗎？」
孩子：「嗯，我想穿這樣出門。」
爸媽：「這樣啊，你想這樣穿出門啊（認可）。爲什麼呢？」
孩子：「因爲上學的時候穿外套很麻煩。」
爸媽：「聽說晚上會變冷，你從補習班回來的時候穿這樣夠嗎？」
孩子：「晚上會冷嗎？」
爸媽：「天氣預報說晚上會降溫，風也會變大喔。」
孩子：「那我還是穿外套，熱了再脫掉就好。」

雖然不是每次都能這麼順利，但比起不分青紅皂白地命令孩子要怎麼做，先認可孩子，再展開對話，可以給孩子冷靜判斷的機會，讓孩子自己決定想怎麼做。

另外要提醒，表達認可時，應該避免語帶責難。

比方說，對挑食的孩子說「你不吃那個啊」的時候，口氣要溫和，避免語帶責難。

這裡稍微聊一下比較專業的內容。

一旦孩子學會這種不否定的對話方式，便能脫離在爸媽要求下被動選擇

▶ **與孩子溝通時，認可對方的想法和意見**

「要」或「不要」的溝通模式。

這也是孩子學習新溝通模式的寶貴機會，讓孩子與爸媽站在平等的立場溝通。

這與近年領導理論所提倡的「共創式領導」概念相同。傳統的領導觀念講究上司率領下屬的能力；共創式領導則主張上司與下屬站在平等的立場，雙方都可以毫無保留地交換意見，各自決定並採取對團隊有利的行動。

這代表的是一種相互認同的文化。

當爸媽開始落實這種伴隨「認可」的對話方式，孩子也會學爸媽，將「認可」融入自己的對話中。

孩子學會這種對話方式之後，他會懂得認可朋友說的話，如此一來，不只是溝通，孩子的人際發展也會更加順暢。

孩子在學校會獲得朋友的正向回饋，例如「和你說話很開心」，有機會成爲班上的「人氣王」。

這項對話技巧在孩子成年後也能派上用場，讓孩子結交到好朋友，建立親密關係，獲得上司、顧客的喜愛，以及同事與後輩的尊敬。

換句話說，**學會「先認可」的對話技巧，將成爲孩子一生的財富。**

請各位務必記住，認可對方，是建立人際關係的一大關鍵。

三步驟，培養「不否定的教養習慣」

以下介紹培養「不否定的教養習慣」的三個步驟。

步驟1 思考「否定背後的理由」

當我們否定孩子，或是否定任何人的時候，背後一定存在某種理由。

請各位問自己：

「我爲什麼非得透過否定對方來表達意見？」

當下我們可能沒辦法想得這麼深，所以趁就寢前或上床後思考也沒關係。

給自己有時間反省：「我那時候好像說了否定孩子的話，爲什麼會這樣呢？」

你可能會想到各種原因，像是「因爲我愛孩子」、「因爲我有偏見」、「因爲我顧慮他人的目光」，甚至可能只是「因爲時間很趕，所以我很焦躁」，這些都是可以接受的理由。

重要的是**養成習慣，反省自己否定孩子的行爲。**

一旦養成習慣，就不必等到就寢前再來反省。不小心對孩子發脾氣，或是冷漠、忽視孩子的下一刻，甚至是當下，都能迅速意識到自己之所以這麼做的理由，並停止否定的言行。

「思考否定背後的理由」，可以了解自己的言行與背後想法之間的因果關係。

接著再問自己：

「否定背後的願望是什麼？」

發覺隱藏在否定言行背後的正向「願望」。

像這樣不斷思考「思考否定背後的理由」，可以找出否定的特定模式，察覺「我好像又因爲這個理由否定了對方」。下一次遇到類似的情況時，就能警覺「這就是我否定孩子的模式」。

我稱之爲「察覺異常的能力」。

遇到異常情況時，若能停下腳步，察覺「好像哪裡不對勁」，就能避免不必要的否定。

步驟一的目標，就是**掌握自己的否定傾向。**

步驟2

否定時加上「願望」

步驟二要做的是：**否定時一併表達自己在步驟一釐清的願望。**

例如，夫妻兩人在談一些比較複雜的事情時，在看電視的孩子突然插話：「爸爸！媽媽！你們看，你們看啦。」

這種時候，爸媽很容易不小心說出否定的話語，像是「你先不要吵」之類的。

在否定的話語後加上「願望」，則可以這樣表達：

「你先不要吵！爸爸和媽媽正在談一些比較複雜的事情，現在不能夠分心。」

即使當下反射性地說出否定的話語，還是可以接著補充理由來補救。

我相信有些時候也會因爲當下情緒太過激動，無暇補充自己否定的理由。

這種情況，可以等過段時間冷靜下來後，再解釋：「我剛才講話比較大聲是因爲……」

步驟3 省略否定的話語，只告知「願望」

步驟二是在否定的話語後加上自己的願望。一旦你熟悉這麼做之後，慢慢的，就有辦法直接省略否定的話語，只表達願望。

這就是步驟三的目標。

只要能做到這個程度，原本處處充滿否定的對話也會變得溫和。

將這三個步驟套用在常見的否定情境裡試試看。

孩子放學回家後說：「我今天忘了帶運動服，不能上體育課……」

爸媽聽了脫口說出：「我昨天晚上是不是就叫你檢查上學要帶的東西了！」

▼步驟1　思考否定背後的理由（願望）

「要是他昨天晚上有檢查就不會忘了。今天體育課上的是足球，他明明很期待的，真可惜。希望他不會再嘗到這種遺憾。」

▼步驟2　否定時加上「願望」

脫口說出「我昨天晚上是不是就叫你檢查上學要帶的東西了」之後，再補充：「好可惜喔，你明明那麼期待體育課。」

▼**步驟3　只告知「願望」**

只說：「好可惜喔，你明明那麼期待體育課。」

如果覺得這樣太單調的話，還可以繼續延伸，展開對話：

你：「好可惜喔，你明明那麼期待體育課。」

孩子：「嗯……」

你：「下次體育課是什麼時候？要不要前一天晚上一起檢查東西有沒有帶到？」（提案）

孩子：「好！」

像這樣對話，自然而然就能避免否定。

各位覺得這方法如何？

只要留意這三個步驟，漸漸的，就能夠擺脫突然責罵孩子的習慣，建立不否定的溝通模式。

不要單方面滔滔不絕

與孩子對話時，孩子容易處於弱勢。因此，如果爸媽單方面滔滔不絕，光是這樣，就有可能讓孩子覺得自己受到了否定。

請各位記得：單方面滔滔不絕的行爲，存在否定的風險。

這裡分享一個親子對話的原則：

不要填補對話中的沉默。

人總是受不了沉默。不只是面對孩子的時候，日常生活中各種對話與閒談的場合，一旦出現空白或沉默，許多人就會坐立難安。

相信很多讀者也曾在這種時候忍不住說些什麼來填補空白吧？

請克制這種心情。

孩子沉默不語，並不代表爸媽可以說個不停。

倘若爸媽喋喋不休，孩子就沒有時間理解爸媽說的話。

我要再重申一次，別忘了，孩子的語言能力還沒有發展成熟。

無論孩子說起話來感覺多麼伶俐，他們對於別人說的話的「理解力」依然有別於大人。如果一口氣丟出一大堆資訊給孩子，他們光是試圖搞清楚意思，就得花掉很多心力，根本沒有多餘的心力說話。

即便是大人，突然聽到別人說了一連串自己不熟悉的資訊，腦袋也會轉不過來，甚至當機，想請對方說慢一點，一件事一件事說明。孩子也是一樣。

改善親子關係的「傳接球對話」

不光是面對孩子，想要與任何人建立良好的關係，對話時都要具備「傳接球」的意識。

如果一方不斷丟球（說話），另一方恐怕無法全部接住，他需要花時間處理資訊，甚至根本無力處理。

在這種狀態下，如果你依然說個不停，會發生什麼事？

對方可能再也不會開口，失去耐性，開始想「什麼時候才要結束」。

因此，與孩子對話時，請各位留意：

務必給孩子一點時間接住、理解你扔過去的球，然後等待孩子將球傳回來。

若缺乏這種意識，就很有可能演變成爸媽單方面滔滔不絕的情況。

「表達」這項行爲很容易促進腎上腺素分泌，讓人感到痛快，愈說愈激動，到最後無法自已。即使表達的是憤怒也一樣。

你有沒有看過孩子默不吭聲，家長卻發飆了老半天的狀況？這種狀態就和在酒席上不停抱怨上司的人一模一樣。

一旦陷入這種狀況，就會將過去的事情一件接著一件挖出來講。

舉例來說，原本只是要制止孩子在餐廳裡跑來跑去，卻扯到之前發生的事情：「你記不記得上次在路上亂跑也差點撞到人？還有上禮拜去公園的時候……」猶如替怒火不斷添加新的柴火。

孩子受到這樣的責罵怎麼受得了？

這種單方面滔滔不絕的行爲已經算不上對話，也會讓孩子覺得自己受到了否定。

如果你意識到自己正在做這樣的事情，請控制自己的情緒，盡早打住。

▶ 不否定的對話技巧

不要單方面滔滔不絕

對話應該像傳接球
採取一問一答的方式，不要一口氣說太多，也要接收對方說的話

不小心發脾氣的補救方法

「即使你說要沉住氣，先深呼吸，遵循責備的五步驟，但我還是不小心爆發，對孩子發脾氣……」

我理解這種心情。

我也很常在超市或餐廳裡看到大罵孩子的爸媽。

我在輔導企業領導者的時候，當我建議上司「不要將當下的情緒發洩在下屬身上」，也很常聽到他們說：「來不及了，我已經這麼做了。」

連工作上都有可能情緒失控了，爸媽會忍不住對孩子發脾氣也是在所難免。

這種時候，最重要的是**「補救」**。

對孩子發脾氣後，冷靜反省自己的言行，採取必要的「訂正」，這可能是「重新傳達眞正的意思」、「表達關心」，或是「稍微讓步」。

如果少了補救，脫口說出的情緒性話語可能會在孩子心中留下傷痕，使孩子產生罪惡感或恐懼感。孩子也只會記得自己受到了否定，無法理解父母眞正的意圖或心情。

即使情緒一度失控，冷靜下來後，依然可以再次以溫柔的方式表達自己眞正想說的事情，解釋自己發脾氣的原因，藉此達到補救的效果。

察覺「自己正在發脾氣」時，如何調整心情

當你責罵孩子的當下，察覺自己「造成了孩子難以開口的局面」時，該怎麼辦？

我建議嘗試以下幾種方法：

- 讓孩子吃點東西。
- 去一趟廁所。
- 帶孩子散散步或買東西。
- 如果孩子正在鬧彆扭，先不要管。

這些方法都能打破僵局，製造改變當下氣氛的機會。憤怒管理理論有個觀念是：「怒氣會在六秒內平息」。因此，泡杯茶、換個地方，都可以給人冷靜下來的時間。

鼓勵各位運用這些方法，打破僵持不下的氣氛，讓孩子挨罵時也能開口表達自己的想法。

營造出這樣的氣氛後，便可以進入「傳達」、「傾聽」、「討論」這三種溝通方式的第三種，也就是「討論」的階段。

「You 句型」的責罵方式很容易破壞心理安全感

我們在第二章談到了「心理安全感」在親子關係中的重要性，以及提高心理安全感的日常練習。

現在，我們來談談如何在責罵孩子的同時，保障孩子的心理安全感。

首先要注意的是，不要使用「You 句型」責罵孩子。

所謂「You 句型」，就是主詞是「你」的表達方式。

例如：

「你都不念書！要好好念書！」

「你是姊姊，要好好表現。」

「要講幾次才聽得懂？」

在這種「You 句型」裡面，主詞有沒有出現並不是問題，即使沒有明確說出「你」這個字也成立。

比如「要好好表現」、「要講幾次才聽得懂」這兩句話看似省略了主詞，其實主詞依然明確存在其中。

使用「You 句型」責罵孩子，會讓孩子覺得自己受到了「責備」、「否定」，導致親子關係中的心理安全感瞬間降低。

大人也一樣，很多上司也會使用「You 句型」否定下屬，破壞彼此的關係。大人使用這種句型都有可能導致人際關係惡化了，可見這是多麼典型的負面表達方式。請各位注意，千萬不要這樣說話。

避免「You 句型」的方法

想要避免使用「You 句型」，重要的是**盡可能「陳述事實」**。

例如以下句子：

「這好像還沒完成。」
「這我應該提過好幾次了，還記得嗎？」
「昨天的作業好像還沒寫完，今天有辦法寫完嗎？」

像這樣換個說法，避開直接攻擊孩子的句型。

此外，**用「I 句型」取代「You 句型」也非常有效**。

尤其在表達自己當下憤怒或悲傷等情緒時，例如：

「我現在非常生氣。」

「我有點難過，因爲你都不聽話。」

這些話雖然稍微嚴厲，但清楚表達了「我」的情緒，可以讓對方理解「眼前的人現在是這種感覺」。同時，這種表達方式還有「後設認知」的效果，有助於我們客觀看待自己的情緒。

如果不習慣一開始就講自己的感受，可以在說完話後補充：「這是我的想法，你覺得呢？」像這樣轉換成「I句型」。

使用「I＋某人」的句型，意思會更清楚。例如：

「我現在對你非常生氣。」

像這樣明確指出「誰」對「誰」怎麼樣，聽起來可能會有些刺耳，不過，這種句型用字遣詞相當嚴謹，可以避免雙方對同一句話產生不同的解釋，建議各位學起來。

「爸媽的心情」是孩子會很在意的事情之一。

所以責備孩子時別省略「我」，只要冷靜地表達「我現在很生氣」，就能表達自己的情緒又避免意氣用事。

一次又一次像這樣用心對話，也是一種親子之間交流情感的練習，有助於營造互相理解的家庭環境。

「We 句型」可以孕育家庭文化

說明完「You 句型」和「I 句型」，接下來要談一談「We 句型」。
爸媽責罵孩子時，很容易站在「我是爲你好」的立場。
這種心態會讓語氣更具壓迫感、命令感、強制性。因此，希望當爸媽的人能夠擺脫「我是爲你好」的心態，改從「爲了我們好」，也就是「We」的角度出發。

我認爲，**爸媽與孩子是共創家庭文化的夥伴**。
換句話說，親子應該站在同一陣線，共創家庭文化與價值觀。
因此，儘管有時候當爸媽的仍然需要指正孩子沒做好的事情，但更重要的，還是**「討論彼此共同的願望是什麼」**。

「我們希望打造這樣的家庭。」
「我們希望建立這樣的關係。」
「我們想培養這樣的夥伴關係。」

提醒自己說話時要基於「內心深處的願望」，以「我們」爲主詞表達。這麼一來，相信各位平常的溝通方式與責備孩子的方式自然會產生變化。

比方說，原本你會用命令、否定的口吻叫孩子：「趕快寫作業！寫完再玩遊戲！」

但只要出發點改成「打造幸福美滿的家庭」，同樣一句話也許就會變成這樣：

「能不能聽我說些話？我希望我們一家人吃完晚餐後，可以分享今天發生的事，知道大家碰上什麼開心或不開心的事情，明天又有什麼樣的冒險。

我想這樣大家一定會很高興。

「所以，我會努力早點做完工作，如果你也在吃晚飯前寫完作業，我會很開心的，好不好？還有啊，我想我們也可以一起決定幾點到幾點是玩遊戲的時間，你覺得怎麼樣？」

如果孩子同意你的提議，就能初步形成「晚餐前寫完作業」、「規定遊戲時間」這些新的家庭文化。

希望各位也能親自體驗這種「與孩子攜手創造家庭文化的過程」。

和孩子一起構思家庭規則，培養孩子的自律性

或許有些人會認爲：「我們家孩子還小，談建立家庭文化也太早。」

不過，有件事眞的很重要，就是**爸媽千萬不要擅自制定家庭規則**。

根據我個人養育小孩的經驗，只要願意花點心思溝通，孩子其實都能理解親子共同制定新規則是怎麼一回事。

可以的話，愈早開始和孩子討論這些事情愈好。

以我們家爲例，我也會和五歲的兒子好好溝通這些事情。

雖然孩子的理解程度可能因年齡、性格、狀況而異，不過，**持續累積這樣的對話，也能夠打開孩子自律性的開關，讓他們學會「自己做選擇」**。

再舉一個我家的例子，我們家正在嘗試建立「沒必要因爲老師要求而做完所有作業」的家庭文化。

有些人可能會質疑「對孩子說這種話好嗎」，其實，這背後隱含的「願望」，是希望孩子別因爲老師要求而機械式地寫作業，或是心不甘情不願地寫作業，而是能夠思考這些作業的意義，以及完成作業對自己生活可能有什麼幫助。

我是這麼對孩子說的：「我希望你先了解寫這些作業有什麼意義，可以讓你學到什麼。先了解這些再來寫作業，你覺得怎麼樣？」

我們家的例子可能比較極端，不過希望各位可以藉此了解並嘗試「與孩子攜手創造家庭文化」。

不要做「猜拳慢出式對話」

說話不要令孩子戰戰兢兢

關於孩子的心理安全感，還有一件事情要提醒各位：

和孩子說話時，請避免「刻意隱藏意圖」。

有些事情明明可以直接說清楚的，卻偏偏要藏在心裡，想確認對方記不記得、明不明白。

比方說，爸媽藏起自己想罵人的心情，先用溫柔的語氣說：「我能不能問你一件事情？」

等到孩子坐下，再故作鎮定地質問：「昨天下午三點你在做什麼？」「你有沒有話要對我說？」「你是不是忘了什麼？」

我想，大人之間也會出現類似的對話，這會讓聽的人覺得很害怕。

我稱這爲「猜拳慢出式對話」。

也就是將正題擺在後頭，先用一些話來「試探」對方。

這只會讓孩子滿頭問號，陷入「你到底想說什麼」的疑惑。

這種對話方式近乎威脅，別說是建立心理安全感，這甚至會破壞心理

▶ 不要採取隱藏意圖、試探對方的「猜拳慢出式對話」

安全感，所以千萬不要這樣和孩子說話。

請記得，**能清楚了解爸媽意圖的對話，才能令孩子感到安全與安心。**

舉例來說，我們家的臥室和工作室都在二樓，所以盡量不讓孩子上二樓。

向孩子表達這件事情時，有好幾種說法：

「我希望你不要上二樓。」這是單純的傳達訊息。

「我希望你不要上二樓。不過你爲什麼會想上樓？」這給了孩子討論的契機。

「二樓是我工作的地方，所以不要上來哦。」這告訴了孩子理由。

「記得我之前請你不要上二樓對吧？所以不要上來哦。」這是指示。

「我不是說不可以上二樓嗎？快下去！」這可能是責備。

像這樣，請先想清楚自己要用哪一種方式傳達訊息再開口。

爸媽必須清楚自己的意圖是什麼，並傳達給孩子知道，這樣孩子才能夠正確理解爸媽話中的意思。

相反的，要是連爸媽都不清楚自己是怎麼想的，孩子當然不可能明白。

這種意圖清楚的對話經驗，長期累積下來，孩子會慢慢熟悉父母的溝通模式，明白「什麼情況下要討論」、「什麼情況下會挨罵」，從而建立心理安全感。

第4章 讓孩子自動自發的「不否定對話術」

愈是強迫孩子，孩子只會愈不想做

「不否定對話術」的兩大原則

第四章要談論可以讓孩子自動自發的「不否定對話術」。

請記住兩個大原則：

1 人會排斥別人叫自己做事情。

2 人比較願意做自己決定的事情，而非他人要求的事情。

先記住這兩項原則。

兩項原則都以「人……」為開頭，由此可見，這既適用於孩子，也能套用在大人身上。

舉個例子，不知道各位有沒有過這樣的經驗：你在網路上看到一樣商品，很感興趣，便找了一天前往門市。在你拿起商品的那一刻，店員向你大力推銷：「這件商品特價只到今天，要買要快！」你卻突然失去了購買的欲望。

或者是這樣的經驗：小時候，你正準備開始念書，爸媽突然在這時候叫你「快去念書」，你就頓時失去了念書的動力。

同樣的，孩子可能原本打算看完電視就去寫作業，可是一聽到爸媽說「快去寫作業」，反而就不想寫了。

那麼我們應該怎麼做呢？

親子間的對話，表達方式決定了九成

重要的是設計一套對話方式，讓孩子認爲是「自己主動想做」，而不是因爲被要求才去做的。

假如店員說：

「這是我們的招牌商品，隨時都有庫存，您不必著急，可以慢慢想。不過，這件商品的促銷優惠只到今天，現在買的話非常划算，您參考一下。」

這樣是不是就讓人更想買了？

基本上，店員的意思同樣是「建議今天購買」，表達方式卻會影響客人「想買」或「不想買」的心情。

所以我們要在表達方式上花點心思。

以要求孩子寫作業的情況來說，直接叫孩子「快去寫作業」，孩子可能會抗拒。不妨試著這麼問：「你的作業大概什麼時候可以寫好？」

想要有趣一點的話，還可以大膽地問：「你今天有預計要寫作業嗎？」或是：「今天哪一項作業最有趣？」簡單詢問孩子：「你的作業打算怎麼辦？」這樣也可以。

簡而言之，就是不要給孩子被強迫的印象。運用不一樣的表達方式，促使孩子自動自發採取行動。

▶ 思考「如何讓孩子主動想做」，而不是「叫孩子去做」，這也是爸媽的工作

讓叫不動的孩子好好收拾的對話術

人比較願意做自己決定的事情，而非他人要求的事情。

我們要如何利用這項原則，讓一直不收拾東西的孩子動手整理？

以下介紹具體方法：

方法1 讓孩子許下承諾

這是我兒子讀幼兒園中班時的事情。

有一天，我們已經要出門去上學了，他卻不準備上學的東西，玩紙飛機玩得出神。

「要出門了，趕快換衣服。」

即使我這麼說，他還是繼續丟他的紙飛機。

於是，我換了一個說法：

「你還想丟幾次紙飛機？」

這時他回答：「再丟〇次就好。」

他自己許下這個承諾（宣言），在丟完他承諾的次數後，他可能也盡興了，主動說：「好，可以出門了。」便開始自己換衣服。

「趕快換衣服」是別人對他的要求；「再丟〇次紙飛機後就換衣服」是他自己決定的事情。

我要再重申一次，「人比較願意做自己決定的事情」。

當孩子打電動打個不停的時候，就可以運用這項原則，嘗試這樣的對話方式：

「你要玩到什麼階段才要收起來？」

「你打算玩到幾點再收起來？」

只要孩子承諾「再玩十分鐘左右，玩到〇〇地方就收起來」，或是「我玩到九點就收起來」，這就成為他「自己決定的事情」。

只要是自己決定的事情，孩子會更願意行動。比起由爸媽擅自設定時間，讓孩子自己做決定，會更有效果。

方法2

挖掘利益

另一個方法是「挖掘利益」。

做法是藉由對話，讓孩子感受到收拾東西有哪些好處。

此外，往反方向挖掘也有不錯的效果，也就是告訴孩子「不收拾的話有什麼壞處（損失）」。

舉個例子，我們可以這樣說：

「如果把東西收拾乾淨，你的心情會怎樣？」

「東西好好放回抽屜，下次要用的時候就能馬上找到。」

這些是可以得到的好處。

接下來試試反向思考：

「如果玩具不收好，可能會被踩壞喔。」

「如果玩具不收好，你下次可能就找不到你最喜歡的玩具喔。」

告訴孩子不做某件事的壞處或損失。

像這樣讓孩子理解收拾東西可以得到什麼好處，或不收拾的話有什麼風險，可以激發他們主動收拾的意願。

方法3 細分要做的事

如果玩具丟得到處都是，收拾起來也得花上一番力氣。

這種時候，可以將要做的事情拆解成幾個小步驟，再告訴孩子要怎麼做。這個方法稱作「下切法」，將課題拆解、細分，是處理較大規模課題時的思考與解決方式。

別要求孩子一口氣全部收拾乾淨，可以細分要處理的事情。

問孩子：

「你可以收拾幾個玩具？」

「你幾點之前可以收拾好？」

讓孩子自己告訴你他決定要如何行動，例如：「我可以收拾〇個。」「我四點之前可以收拾好。」

收東西總是起頭最困難，一旦開始動手去做，往往收著收著，就將所有東西都收乾淨了。所以，**溝通的重點在於，如何促使孩子開始行動。**

再進階一點的話，可以在孩子做到自己決定的事情時說一句：

「你收好〇個玩具了呢！」

「你在〇點之前收拾好了呢！」

這項技術在教練學上稱作**「認可」**，能夠有效提升對方的自我肯定感。

表達認可之餘，爸媽也可以一同與孩子為這些小小的成就感到開心。

方法4

將收拾變成遊戲

兒童文學《湯姆歷險記》中有一段情節非常有名。

湯姆因為惡作劇，被姨媽懲罰去刷油漆。

湯姆並不想刷油漆，但他裝得一副刷油漆很好玩的樣子，一旁的壞朋友見狀羨慕不已，紛紛表示「也讓我刷刷看」。於是，湯姆成功讓這群朋友替他代勞，刷完了整面圍牆。

這就是藉由引起他人的興趣來促成行動的例子。

將這個概念應用到讓孩子收拾東西的情況，我們可以這麼說：

「我們來比賽，看誰收得快！」

「要不要試試看能不能在○點前收拾完畢？」

想像一下孩子不願意收拾東西的心態，可能是認爲「收拾很麻煩」。如果我們把收拾這件事變得像玩遊戲一樣，加入一些娛樂的元素，或是競爭的元素，就可以將「麻煩」的感覺轉化爲「好玩」。

這也是爸媽可以運用的小技巧。

方法5

激發叛逆心態與挑戰精神

「你來做的話，應該只要五分鐘就能收拾完畢吧？」

「你還這麼小，應該沒辦法自己收拾吧？」

「這對你來說太難了，還是算了，抱歉抱歉。」

這種話可以刺激孩子的叛逆心態和挑戰精神。

孩子擁有無限的可能性，我們可以設法激發孩子的潛力，讓他們產生動力。

「你還這麼小，應該沒辦法」、「這對你來說太難了，還是算了」這類話乍看之下是否定，但在教練學上，這其實是一種稱作「唱反調」的技巧。

如果被其他人認爲自己「辦不到」，人自然會去思考「我要怎麼樣才辦得到」。唱反調就是利用人的這種心理機制來促使對方行動。

這裡要注意的是，以前面的例子來說，如果只看字面上的意思，這三句話感覺有些嚴厲。

所以，訣竅是要**「輕鬆、愉快地」表達。**

如果你要說的話比較嚴厲，語氣可以輕鬆一點，表情柔和一點，這樣孩子就不會覺得自己受到了否定，更容易接收到話語背後的「肯定」意圖。

孩子沒遵守約定時的對話術

不要執著於過去，設法開拓未來

要是孩子違背了約定，沒做到自己承諾要做的事情時，該如何與孩子溝通？

這種時候，追究孩子「爲什麼沒做到」並不是明智之舉。因爲這樣只會誘使孩子找藉口。

例如：

爸媽：「你自己說要做寫作業的，爲什麼沒寫？」

孩子：「因爲今天全家人一起出門，我原本想回來再寫，可是，有個電視節目我真的很想看，之後洗完澡，我就想睡覺了……」

孩子只會像這樣不斷找藉口。

其實孩子也在找機會解釋自己沒履行約定的理由。他一直等著爸媽來問，一旦抓住機會就開始找藉口。

因此，我以專業教練的身分建議各位：**只要陳述事實即可。**

「你沒寫作業呢。」

這樣就好。

如果孩子忍不住開始找藉口，爸媽可以複述孩子說的話，接著問：「然後呢？」（語氣和表情要柔和）鼓勵孩子繼續說下去。也可以問：「那你下次會怎麼做？」

這麼一來，就能將話題焦點轉向未來，讓孩子自己說出「下次我會好好寫作業」。

值得玩味的是，**詢問「為什麼」，通常會得到「過去的藉口」；而詢問「想怎麼做」，則會得到「未來的新承諾」**。

和孩子溝通時，別執著於孩子已經違背的約定，應該專注於開拓未來。

叫孩子做事時，可以用「Let's句型」

如果孩子不想刷牙，我們可以怎麼叫孩子去刷牙呢？

大人會擔心不刷牙可能引起蛀牙，所以即便覺得麻煩，也知道不刷牙不行。

大人擁有常識或自己的價値觀，因此，就算知道「人會排斥別人叫自己做事情」，還是會忍不住叫孩子「去刷牙！」。

但我相信大家也不希望自己口氣這麼凶。

這種時候，「Let's」（我們）開頭的句型十分好用。

不說「去刷牙！」、「你爲什麼不刷牙？」，改說：**「我們來刷牙吧！」**

甚至可以說：**「我們一起來刷牙吧！」**然後眞的和孩子一起刷牙。

「Let's句型」有「邀請」對方「我們一起來做這件事吧」的意涵。

不過，既然是邀請，對方有可能接受，當然也有可能拒絕。

請記住這項前提，**如果孩子拒絕了，也別太在意，告訴自己「有時候就是會這樣」，然後第二天再試一次。抱著這種輕鬆的態度是非常重要的。**

將「指示、命令」改成「邀請」

將這種「邀請」的對話方式融入日常生活，孩子也會逐漸習慣，愈來愈常接受你的邀約。所以就算被拒絕了一次也不要放棄，請持續嘗試一段時間。

分享一個我之前上電視節目的經驗。

節目中，主持人問我：「如果孩子不寫作業，爸媽要怎麼叫孩子去寫作業呢？」

我回答：「試試說『需要我幫忙嗎』，怎麼樣？」

沒想到這段話遭到網友大力抨擊。

有人說：

「這傢伙根本什麼都不懂！怎麼會要爸媽幫孩子寫作業！」

但我只是想說明如何運用「Let's句型」促使孩子完成該做的事情。

實際上，孩子聽到爸媽這麼說也會有些不知所措，然後回答：「不用了，我自己會寫。」

比起直接叫孩子「快去寫作業」，這麼說效果好多了。

題外話，這段經歷也讓我學到了一課，那就是要在電視節目上簡要地傳達自己眞正的意思，實在是不容易啊。

順帶一提，使用「Let's句型」時，如果孩子回答「好，我們一起做」、「眞的嗎？那你幫我」，請抓住機會和孩子一起做這件事情，拉近彼此的距離。

回想我自己小時候，父母也會陪我寫作業，同時聊聊天，這段經歷充滿了喜悅與幸福。

隨著孩子逐漸長大，這種與孩子接觸、交流的機會只會愈來愈少。

所以不妨刻意製造機會，與孩子一起享受這些「一去不復返」的美好時光。

▶ 讓孩子做事的訣竅，
就是用「邀請」取代「指示、命令」

孩子不聽話時的「唱反調」對話術

前面提到，教練學有一項稱爲「唱反調」的說話技術。

意思是，**對話時，特意做出與對方預期完全相反的回應。**

我們來看看與孩子對話的範例：

爸媽：「你今天寫暑假作業了嗎？」

孩子：「還沒，我不想寫……」

爸媽：**「好吧，不寫也沒關係。」**

差不多就是這樣。

特意以唱反調的方式，避免說出口的話太咄咄逼人。

孩子預期父母會說「快去寫作業」，所以聽到出乎意料的答案時會很驚訝。

孩子：「咦？可以不寫嗎？」

爸媽：「你不是說不想寫？」

這時可以再問一句：

「不然有沒有你想寫的作業？」

「你什麼時候才會想寫作業？」

或是：

「你覺得不寫作業會怎麼樣？」

不寫作業也是一種選擇。

本書並不是鼓勵大家叫小孩不要寫作業，只是建議**不妨改變說話的順序。**

順利溝通的祕訣，就是先讓彼此處在可以冷靜對話的狀態，再來討論「未來」的問題，像是有沒有寫作業的方法，或是不寫作業的話會怎麼樣。

這種對話方式可以打開孩子「自行思考與判斷」的開關。

這也是教練學的方法。因爲教練學的基本思維就是放眼未來，而非執著於過去。

即使沒時間與孩子進行完整的教練式溝通，但只要日常生活中與孩子說話時多花點心思，同樣能將教練學的技術融入教養，各位不妨嘗試看看。

孩子說「不知道」時的應對方法

當你問孩子「不寫作業會怎麼樣」的時候，孩子可能會回答「不知道」。

這是孩子的拿手好戲，而且他們是眞的不知道，你也拿他們沒轍。

這時，你身爲「明理的大人」，可能會忍不住曉以大義，告誡孩子不寫作業會有什麼後果。你也可能覺得解釋很麻煩，便說：「既然你不知道，那就照我說的做。」如果當下你正因爲其他事情而煩躁，甚至可能凶孩子：「你怎麼會不知道！」

從教練學的角度來看，這些應對方式都不太理想。

那麼，當孩子說「不知道」的時候，該怎麼應對才好？

「你不知道啊，那可不可以告訴我你知道的事？不用說得很清楚也沒關係。」

「你不知道啊，那你知道什麼？」

這樣一來，孩子通常都會回答些什麼。

「不知道」不是對話的終點，而是起點。

此外，孩子口中的「不知道」，通常也包含「不想說」的意思，所以可以告訴孩子「只要說你想說的事情就好」。

第5章 培養孩子自我肯定感的關心方式

魔法咒語：「你想怎麼做？」

前幾章討論了教養上如何做到「不否定孩子」。

本章則在確保家庭內心理安全感的前提下，進一步探討如何「培養孩子的自我肯定感」。

教練學的技巧中，有一句可以提升對方自我肯定感的魔法咒語，那就是：

「你想怎麼做？」

這是教練學最基礎的技巧，卻也是最高明的提問，可以將聚光燈打在對方內心的渴求上。

我和企業領導者分享這句話時，很多人會反駁我：

「如果問下屬『你想怎麼做』，他們只會胡說八道，讓事情愈來愈糟糕！」

不用擔心，不會有這種事的。

下屬也有「自己想做的事情」，而且絕對不是胡搞瞎搞，是自己考量過許多要素後得出的最佳結論。很多時候，下屬還能提出你想也想不到的嶄新方案。

重要的是，先給對方自主決定的權利。

地位較高的人，無論是公司裡的上司或家中的爸媽，別二話不說就下達指示或命令，應該先給對方表達意見的機會。

而且要認可對方的「答案」，而不是否定。

提問與認可必須雙管齊下。這種關心與接納的態度，可以讓對方覺得受到尊重，進而提升自我肯定感。

上司問下屬「你想怎麼做」，可以縮短彼此的距離。爸媽對孩子這麼做，也有一樣的效果。

曾經有位母親對我說：「問小孩子『你想怎麼做』，他們哪有辦法回答！」

沒這回事。

孩子也會有「想怎麼做」的念頭，只是絕大多數的孩子用言語表達想法的能力還不成熟，很難立即回答問題。

因此，有時候問孩子「你想怎麼做」，他們也給不出具體的答覆。但希望各位明白，這樣也沒關係。

「聽到問題要馬上回答」是我們大人的壞習慣。你提出的問題，孩子會放在心裡好幾個小時，或是好幾天，一再自問自答。時候到了，他們自然會萌生明確的想法與答案。大人必須等待這個時機到來。只要能做到這一點，就能營造出心理安全感非常高的家庭環境。

提升孩子自我肯定感的方法如下：

1 問孩子：「你想怎麼做？」

2 默默等待孩子整理好想法。

3 無論孩子如何回答、是否回答，都要認可。

只要在日常生活中落實這些方法，孩子的自我肯定感一定能逐步提升。

爲什麼很多人都不問別人「你想怎麼做」

順帶一提，在歐美國家，很多人都很習慣問別人：「你想怎麼做？」

「你有什麼想法？」因此小孩子也很習慣面對這樣的問題。

然而，在亞洲國家，別說是小孩子，就連大人也很不習慣被詢問個人意見。

這可能是因爲，無論在職場上還是家庭裡，大家都忙著解決眼前的問題，沒有餘力詢問對方想怎麼做。

而且大多數人也受到「應該怎麼樣」、「必須怎麼樣」之類的社會觀念與常識束縛，沒有討論自由意志的文化。

結果就是產生大量「不知道自己到底想做什麼的大人」。

工作上畢竟有時間壓力，而且不得不交出成果，所以優先思考如何解決問題，這也是無可厚非。不過，教養上，**我們應該以孩子的成長爲優先，有機會就詢問孩子「你想怎麼做」**。

再提一點。

人一旦滿腦子想著如何解決問題，可能就不會問對方「你想怎麼做」，而是「你覺得怎麼做才對」，因爲這樣可以迅速將對話的重點導向解決方案。

雖然兩種問法的差異很小，但後者容易引導孩子思考處理方法（解決方案），妨礙孩子自由發揮創意。如果是比較機靈的孩子，可能會猜到你的意圖，並回答「你希望聽到的答案」。

「我想這樣做」和「我覺得這樣做才對」看似相同，其實並不一樣。

比起尋求正確的答案，我們應該引導孩子自由發揮創意，進而提高孩子的自我肯定感。因此，爸媽應該問「你想怎麼做」，而不是「你覺得怎麼做才對」。

認眞傾聽孩子的意見，並尊重孩子的回答，孩子自然會感受到爸媽「認可自己的存在和想法」，相信爸媽是愛自己的，慢慢培養出自我肯定感，並打開自律的開關。

問完「你想怎麼做」，記得別否定對方的回答

如何好好接收「孩子說的話」

即使對孩子使用魔法咒語「你想怎麼做」，也得到了回覆，但如果孩子的回答不符預期，當爸媽的就會忍不住否定或試圖引導孩子往自己希望的方向走。

然而，這麼做只會讓孩子覺得「明明是你問我想怎麼做的，早知道就不說了」。從此，孩子再也不回答爸媽的問題，或是選擇回答「爸媽可能會希望聽到的答案」。

當孩子的回答不符你的預期時，可以使用「認可」的技巧。

例如以下對話：

爸媽：「你想怎麼做呢？」

孩子：「我想○○○○。」

爸媽：**「原來你想○○○○，謝謝你告訴我。」**

這樣就夠了。

你可能會想：「什麼？你的意思是無論孩子回答什麼都要贊同嗎？」

不，這段對話裡面，爸媽並沒有表示贊同，只是認可「孩子是這麼想的」，並謝謝孩子願意回答。

一定要避免孩子產生「不想回答」的心情，從此關上心扉。我們的目標

▶ 魔法咒語：「你想怎麼做？」

詢問孩子「你想怎麼做」十分重要

無論孩子回答什麼都要認可，不要否定
不必完全贊同孩子的回答，重要的是傾聽孩子的想法與心情

是要讓孩子「願意回答」爸媽提出的問題，因此，即便孩子的回答再出乎意料、再不切實際，也要認可。

詢問「你想怎麼做」，最大的目的就是爲了提出問題，至於能不能得到正確答案，則是其次。

有機會就詢問孩子「你想怎麼做」，讓孩子學會「被詢問」→「回答」的模式。

重要的是讓孩子在腦中建立「自主思考」的迴路，並習慣這件事情。

當孩子習慣爸媽每次都會詢問自己想怎麼做，自然會養成「表達自己的意見很正常，一點也不奇怪」的觀念。這也有助於培養孩子的自律性。

請各位記住，必須由身爲爸媽的你來製造契機，讓孩子習慣這樣的對話。

親自示範「希望孩子說的話」，形成良性循環

有些話只要爸媽說出口，就能提升孩子的自我肯定感。例如以下這些話：

「謝謝。」

「我好開心。」

「我很高興。」

「眞不愧是〇〇。」

「對不起。」

反過來說，我想，很多當爸媽的人也很希望孩子對自己說這些話吧。

這個時候，我們必須換個想法：爸媽要以身作則。

只要我們常說這些話，孩子也會模仿爸媽，於是當爸媽的也能提升自我肯定感，形成良性循環。

也就是說，我們希望別人怎麼對待自己，就應該先從自己做起。

成爲願意好好道歉的爸媽

要說其中哪句話最難以啓齒，我想莫過於「對不起」。

爸媽都會告訴孩子「做錯事要好好道歉」，然而，自己犯錯時卻不肯道歉……這種情況很常見吧。

「我剛才話說得太重了，對不起。」

如果孩子小時候聽過爸媽好好道歉，將來也會成爲懂得主動道歉的人。

佛陀曾經開示人與人相處的基本觀念：「不做對方討厭的行爲」、「給予什麼就會得到什麼」。

前面列舉的五句話，都是表達感謝並認可對方的話語。

但「道歉」畢竟牽涉到自尊心，人都會抗拒承認自己的錯誤，一般情況下確實很難輕易地道歉。

可是我想，至少在家裡，至少在面對自己疼愛的孩子時，可以放下這些抗拒心理吧。

爸媽若願意坦然地道歉，孩子在學校或出社會後自然也會懂得坦然地道歉。

如果希望孩子成爲「懂得好好道歉的人」，爸媽自己必須以身作則，如果做錯事了，就好好向孩子說聲「對不起」。

看著爸媽是如何調適情緒與表達情緒，孩子會模仿爸媽，學會調適自己的情緒，並說出肯定的話語。

不要隨便稱讚孩子

不可以讓孩子「對稱讚上癮」

我以專業教練的角色來觀察，我發現，有些大人或許是想討孩子開心，有事沒事就一直稱讚孩子。

稱讚並不是一件壞事，適時地稱讚很好。然而，稱讚有很強的影響力，要是稱讚方式不當，可能會讓孩子不管做什麼都只是爲了得到別人的稱讚。

舉例來說，我想各位也看過那種輕易對孩子說「好棒喔」的人吧？

「你今天起得眞早，好棒喔。」

「你有收拾碗盤，好棒喔。」

「你沒有哭，好棒喔。」

但是只要冷靜一想，就會心生疑問：「到底哪裡棒？」「沒有早起就不棒嗎？」「哭出來就不棒嗎？」

如果老是因爲孩子做到了某件事就說「好棒喔」、「好厲害喔」、「做得好好喔」、「好乖喔」，孩子就會用做得到、做不到來判斷事情的好壞。

稱讚是一種正能量很強的刺激，潛藏著成癮的風險。

經常被稱讚的孩子，思考模式會變成：「被稱讚很開心」→「想得到更多稱讚」→「先做會被稱讚的事情」。

孩子將漸漸受到被稱讚的快樂所支配，就像乾燥的海綿吸水那樣毫無抗拒，最後養成「只做會被稱讚的事情，不會被稱讚就不做」的心態。

說得誇張一點，這個過程近乎洗腦，可能會讓孩子「對稱讚上癮」。

一旦「對稱讚上癮」，孩子就需要更強烈的稱讚才會有反應。

這樣的孩子長大出社會後，恐怕會成爲「上司有交代才做事的人」、「沒人稱讚就會感到不安的人」。我從事商業教練的經驗中，就聽過不少客戶表示：「我好想被稱讚……」

很多教養書籍都寫道，在孩子嬰幼兒時期，多稱讚孩子很重要。不過，**孩子上小學之後，則要避免過度稱讚。**

希望各位也留意一下自己「一天稱讚孩子幾次」、「是否有事沒事就稱讚孩子」。

孩子上小學之後，會有更多機會受到親戚、鄰居沒來由的稱讚。如果各位身邊有這樣的人，也要盡量避免孩子接觸。

不需要稱讚孩子，只要「不否定」與「認可」就好

表達認可，比隨意稱讚孩子更重要。

「你今天起得眞早，好棒喔！」可以改成：**「你今天起得眞早。」**

「你有收拾碗盤，好棒喔！」可以改成：**「你有收拾碗盤呢。」**

「你沒有哭，好棒喔！」可以改成：**「你沒有哭呢。」**

希望各位拋棄「好棒喔」這種帶有「主觀」色彩的詞彙，中立地表達認可。

如果你眞的很想表達自己的心情，可以像以下的例子一樣，先認可事實，再補充感想。

「你這次考試的分數比上次高，我好開心。」（認可事實＋表達自己的心情）

「你幫我整理得好乾淨，謝謝。」（認可事實＋感謝）

「你今天早上自己起床，真不愧是〇〇。」（認可事實＋認可對方）

這種話術稱作「Yes, emotion」，在認可後表達自己的心情。不過，這種話術只適用於孩子做出好表現的時候。

所以還有另一個方法，那就是**「認可過程」**。

「你的感覺是這樣啊，謝謝你告訴我。」

「你說出了自己的想法，讓我更了解你了。」

「你每天都有認真練習，我好佩服。」

認可過程的優點在於，不管什麼情況都可以使用，可以用於孩子完成一件大事的時候，也可以用於日常生活中的各種小事。

各位可以記住這個口號：**「多認可，少稱讚」**。

比如，孩子今天有乖乖去上課，爸媽只要說「你上完課回來啦」，這樣就夠了。

爸媽可能會講這種理所當然的話沒什麼意義，講起來有點彆扭。

然而，這些話在某種意義上，可以讓孩子覺得自己的存在受到了認可，覺得：

「爸媽很重視我的存在。」

「我只要人在這裡就很好了。」

這樣的體驗能大大幫助孩子對家庭產生歸屬感，在家裡能夠感到自在，長期下來，也有助於提升孩子的自我肯定感。

想要否定孩子時，改用「認可語句」

認可孩子「那樣也不錯」

與孩子對話的過程中，如果想要否定孩子說的話，怎麼說才好呢？

這種時候，可以說以下這些話：

「也是有這種想法（做法）。」

「那樣可能也不錯。」

「這個想法真新奇。」

「我大概懂一半。」

「那應該有什麼理由吧？」

「聽起來好像滿有趣的。」

即使無法理解孩子說的話，也請先認可孩子「有那樣的想法」。

舉例來說，孩子不知道從哪裡撿來樹上掉下來的不知名果實，拿去冰箱冰……（這是我家實際發生過的事件）

爸媽基於常識，可能會說：「你在搞什麼？好噁心喔，拿去丟掉。」

但這種時候，如果爸媽的反應是：

「雖然我們大人不太懂，不過這看起來好厲害。」

相信孩子會更加興奮。

不要否定，先表示認可，等孩子玩膩了之後再問：「這是不是可以丟掉了？」就能夠和平處理。

讓孩子知道「我相信你」

如果你都不願意相信自己的孩子，還有誰會相信

「你一定可以做到。」

「你沒問題的。」

「我相信你。」

這些話不僅可以促使孩子行動，也能提升孩子的自我肯定感。

當你說了這些話，孩子也真的獨自完成了某件事情，就能建立起自信，

下次不用大人叫，也會自動自發。

就算是大人，也會因爲他人「比自己更相信自己」而產生信心，覺得自己好像能做到某件事情，不是嗎？

表達自己對孩子的信任，並且眞的相信，沒有比這更重要的事情了。

當爸媽的人，請全盤相信孩子說的一切。別因爲是從小孩子口中說出來的就不相信。

「即使其他人都否定我，但爸爸、媽媽會相信我。」

這樣的體驗會讓孩子產生自信。

我十分尊敬的傳奇商業教練安海將廣曾說：「專業教練的工作，就是讓客戶沒來由地產生自信。」

如果爸媽只是嘴上說「相信」，孩子也會輕易地識破。無論面對孩子還是下屬，在你說出「相信」之後，也要用行動表示。

最傷人的事情，莫過於嘴上說相信，其實根本不相信對方。

眞心相信對方，即使對方最後沒有做到，也要認可對方，接受結果。

除非孩子故意撒謊或試圖欺騙你，否則當爸媽的應該將「孩子沒有做到」視為單純的結果，並且接受結果。

如果連爸媽都不相信自己的孩子，還有誰會相信？不是每個孩子都擁有強韌的心，能夠對自己毫無猶疑地相信。

爸媽的信任可以給予孩子安心感，培養出強韌的心。

讓孩子願意「主動找你商量事情」的訣竅

早上準備出門上學時，孩子突然說：

「今天美術課要帶蔬菜，家裡有什麼蔬菜可以帶去的嗎？」（這也是我家實際發生過的事件）

你聽了會有什麼反應？

是不是瞬間讓你情緒快要爆發：「你現在才說，家裡怎麼可能剛好有蔬菜啦！」

孩子基本上都是活在「當下」，並不擅長放眼未來，事先準備。

所以他們不太會想到「今天放學回家要先跟爸媽說，準備好明天美術課要帶的蔬菜」。孩子可能覺得「只要我記得明天要帶蔬菜就行了」。

當爸媽的如果不了解這一點，很容易氣得大罵：「爲什麼你昨天不講！」

所以，請先認清一件事實：指望孩子主動找爸媽商量事情是天方夜譚。

了解這一點後，接下來該怎麼做？

首先，我們可以主動問孩子：

「明天上課要帶什麼東西嗎？今天老師有沒有交代什麼事情？如果有的話，記得告訴我，我才有辦法先準備好。」

聽到爸媽這麼一問，孩子才會想到「原來老師說的那件事情需要先告訴爸媽」。

剛開始孩子可能會回答「沒有啊」。

不過，有了起頭，你就可以再推測一下可能的狀況，繼續詢問孩子：

「比方說美術課或社會課，有沒有需要帶什麼東西？」

問題要夠具體，孩子的腦袋才會連上線，告訴你：「對了，老師說美術課要帶蔬菜。」

你是不是心想：「我哪有辦法每天這樣問？」

我想也是，如果今後十年，每天都要這樣問，確實是一種折磨。我並不是鼓勵大家自討苦吃，而是希望各位試著像這樣仔細詢問孩子一段時間，可能是幾個星期或幾個月，直到孩子養成習慣。

如果你每天都對孩子說：「記得告訴我明天上學有沒有需要帶什麼，我今天才能準備。」孩子遲早會習慣你問這個問題。

只要持續兩個星期至一個月左右，孩子就會在你詢問之前主動告訴你：「老師說明天上美術課會用到蔬菜，叫我們要記得帶。」

複述孩子說的話

如果爸媽能完整複述孩子說的話，孩子會感覺自己受到認可，從而提升自我肯定感。

孩子：「今天班上來了一個轉學生，他超帥的！」

爸媽：**「是喔，今天班上來了一個轉學生，他超帥的啊？」**

像這樣就行了。

像這樣依樣畫葫蘆地將孩子說的話複述一遍。剛開始可能會覺得這樣講話非常奇怪，但這個方法成功的關鍵，就在於忠實複述孩子的話，不摻雜其他內容。

不複述孩子的話，或是自行解讀孩子的話，並換個說法，甚至抒發自己的意見，都是不好的回應方式。

孩子：「今天學校來了一個轉學生，他超帥的！」

爸媽：「哦，是喔。」（看著手機回話，一副興致缺缺的模樣）

孩子：「今天學校來了一個轉學生，他超帥的！」

爸媽：「居然在這時候轉學……如果這個轉學生很會念書，你也得加把勁才行。」

這樣回應，只會讓孩子失去和爸媽說話的意願。

重要的是，**即使不太明白孩子在說什麼，也要如實複述孩子說的話。**

孩子：「我今天在〇〇家玩了西瓜遊戲。」

爸媽：**「你在○○家玩了西瓜遊戲啊。」**（先吞下「西瓜遊戲是什麼東西」的疑問）

孩子：「嗯，我跟你說，我們全部都變成西瓜了！」

爸媽：**「這樣啊，你們全部都變西瓜了啊。」**

像這樣複述孩子說的話，對孩子來說，這是得到爸媽認可的證明，可以滿足孩子被認可的欲望，產生安心感，也提升自我肯定感。

還有一點，人會藉由說話來整理自己的想法。因此，複述孩子說的話，也能幫助孩子整理自己的想法。

順帶一提，複述孩子的話語有四種方式：

1 重複單詞的鸚鵡式回應。（例如：「西瓜遊戲！」）

2 確認的語氣。（例如：「西瓜遊戲啊？」）

3 總結後複述。（例如：「你們玩得很開心啊？」）

4 故意說錯。（例如：「你們一邊吃西瓜一邊玩遊戲啊？」）

第四種方式算是一種變化球，藉由故意說錯，增加與孩子對話的次數。各位也可以試試這種進階的技巧。

如果是大人，聽到對方複述自己的話，或許會感到不快。但對象如果是自己的孩子，**請複述到你自己也有點懷疑「會不會太囉嗦」的地步，即使只是重複單詞也完全沒有問題，讓孩子暢所欲言。**

爸媽的任何反應，都會影響孩子的自我肯定感

前面介紹了培養孩子自我肯定感的表達方式，包含：

- **詢問孩子：「你想怎麼做？」**
- **與其稱讚孩子，不如表達認可。**
- **複述孩子說的話。**

我們對孩子說話的方式，對他們的成長影響深遠。

在本章的最後，我想提醒各位，「帶著特定意圖對孩子說話」的風險。

稱讚同樣屬於「帶著特定意圖對孩子說話」的行爲。

舉一個我輔導企業領導者的例子。我如果對某個話題深有同感，可能會忍不住想說一些摻雜個人主觀意見的話，例如「你眞厲害」、「你眞了不起」、「你也盡力了」。

我的客戶，那些企業領導者，當下可能會很開心自己「被認可」、「被稱讚」，但這麼做也可能影響他們自主做出決定，心想「既然教練稱讚我，這麼做肯定沒錯」，或是「既然教練從客觀的角度都認爲沒問題，這個決策一定可行」。

他們實際上並沒有自主做出決定。

而是我無意間影響了他們的決策。

同樣的情況，在教養的過程中可能比你想的還要常見。

用中立的語氣表達讚美

即便如此，我們有時候還是想要認可對方、稱讚對方。

這種時候，我建議採取一種方法。

那就是**用中立的語氣表達讚美。**

當孩子做了你認爲值得讚賞的事情，別直接稱讚孩子「你好厲害！」、「你好努力！」，不妨改爲單純讚嘆的語氣。

父母對孩子的稱讚是一種上對下的行爲。假如言語可以衡量「輸出功率」，那麼稱讚就屬於「輸出功率過高」的話語，這樣風險非常高，孩子會完全接受爸媽對自己的評價。

但只要語氣中立一點，某方面來說接近自言自語的感覺，就能降低輸出功率。

比如，視線從孩子身上移開後再低聲說句：「眞厲害⋯⋯」表現得像是你無意告訴對方，但實在太驚訝而不小心脫口而出的感覺。

我在擔任教練的時候也經常使用這種「脫口而出」的技巧。教練實務上，這種技巧會用於「不希望對方對自己的說法照單全收，但希望能留下印象」的時候。

無論如何，說話時不要直接下定論，例如「我認爲這樣很好」，可以換成：「不錯耶⋯⋯」重點是給人一種喃喃自語的感覺。

▶ **用中立的語氣表達讚美**
就能改變孩子的自信和自我形象

爸媽給孩子的每一個反應，都會影響孩子的自我肯定感、動力、自信，以及勇氣。

如果我們的反應總是一成不變，孩子很快就會習慣，因此可以多準備幾種不一樣的表達方式。最近有很多方法都可以幫助我們想出豐富的表達方式，不必獨自煩惱，借助ＡＩ的力量也是一種方法。

我再撰寫本書的過程，也問了ChatGPT「真厲害」有哪些不一樣的表達方式，得到了以下的回答：

「漂亮！」

「好強！」

「棒透了！」

「太驚人了！」

「太扯了吧！」

ChatGPT的建議還有很多很多。

只要我們改變小小的反應，效果就會大大不同。

大家也不妨抱著愉快的心情，多儲備一點不一樣的表達方式，並試著對孩子說說看，摸索孩子對什麼樣的反應比較容易產生共鳴。

第6章 打造不否定的家庭

會否定彼此的伴侶，也會否定孩子

本章將探討夫妻之間不否定的習慣，這也是實踐「不否定的教養」的前提。

夫妻之間先建立不會否定彼此的關係，對於打造「不否定的親子關係」至關重要。

假設學校出了一份回家作業要孩子「幫忙做一件家事」，如果父母的關係不好，孩子連要完成這樣的作業可能都有困難（小學老師常常會出這種「要爸媽一起參與的回家作業」對吧）。

即使夫妻兩人都希望孩子健全成長，仍然經常在某些細節上意見不合。

即便想好好溝通，解決問題，也可能因爲工作關係而兜不攏時間。

此外，一談到孩子的事情，雙方很容易討論出火氣，演變成口角……爸媽溝通的模樣，孩子都看在眼裡。

就算孩子不想看，移開了視線，也還是能感受到父母相處的實際情況。

孩子在成長的過程中，會模仿父母的行爲。

也就是說，如果爸爸否定媽媽，或者媽媽否定爸爸，那麼孩子也會有樣學樣，對身邊的人做出否定的言行舉止。

▶ **會否定彼此的夫妻**
很可能也會否定孩子

因此，夫妻相處上不否定彼此，對孩子來說非常重要。

本章會一再提到夫妻、爸爸、媽媽之類的稱呼，不過，現在的家庭樣貌愈來愈多元，也有許多家庭是由父母以外的人撫養孩子，讀者可以根據自己的狀況代入文中預設的角色。

夫妻之間的談話，六九%並沒有「正確答案」

一對結婚以來感情都很融洽的夫妻，有了孩子之後，因爲教養上彼此意見分歧而開始爭吵……

這是很常見的情況。

不過，這裡我想分享一項由全球夫妻關係權威約翰·高曼（John Gottman）博士提出的研究結果：

夫妻之間的談話，六九%並不存在「正確答案」。

也就是說，夫妻之間意見分歧的議題中，有將近七成「無法斷言誰對誰錯」。特別是教養上，我認爲有更高的比例「沒有正確答案」。

「要不要讓孩子看電視？」
「要不要堅持親手做孩子的便當？」
「要不要讓孩子出國留學？」

雖然雙方意見不同，但都有各自的立場，沒有哪一方的答案百分之百正確。換句話說，夫妻之間爭執的問題幾乎都沒有正確答案。

倘若夫妻兩人都不肯讓步，堅持「自己才是對的」，只會讓夾在中間的孩子不知所措，無法訴說自己的想法。

當夫妻兩人在教養問題上意見不合時，別忘了，這些問題根本沒有正確答案，雙方意見不同也是再自然不過的事情。

確認彼此共同的願望，聚焦在有共識的部分

既然大多數的爭論都沒有正確答案，那麼，夫妻兩人在教養上有不同的意見，也應該避免爭執「誰對誰錯」。

面對不同的意見，請秉持「也是有這種想法」的心態。

封印自己的成長經歷，把自己當成一張白紙，平心靜氣地討論「我們想怎麼做」，而不是「我想怎麼做」。

「好，我們的意見不同。那我們想怎麼做？」

這樣的思考方式可以孕育新的家庭文化。

其中的關鍵在於，確認彼此「共同的願望」。

即使夫妻兩人在某些細節上意見相左，但「希望孩子健全成長」應該是

雙方的共識。所以，夫妻兩人應該聚焦在彼此意見重疊的部分，重新設定共同的目標，再一起討論有哪些可行的方法。

還有一點很重要，要了解：

教養的過程中充滿了「變數」，沒有人知道到底什麼才是正確答案。

社會環境和經濟狀況時時刻刻在轉變。網路、書籍的資訊或朋友的意見只能當作參考，畢竟每個家庭的環境，每個孩子的性格、氣質、特長，以及感興趣的事情都不一樣，並不存在「唯一的正確答案」。

因此，真正重要的應該是雙方希望打造怎樣的家庭氣氛，讓爸媽和孩子都能舒適地生活，並且自由地成長。

只要打好基礎環境，孩子自然而然會在這樣的環境中成長茁壯。

不要盲目地相信過去的教養常識，夫妻兩人好好討論彼此共同的「願望」，例如希望怎麼採取怎樣的教養風格、希望孩子怎麼長大；並且鼓起勇氣，發揮想像力，攜手創造嶄新的家庭文化。

了解伴侶「感受愛的途徑」

五種「愛之語」

有一次，我去一對夫妻朋友家拜訪，聽到妻子抱怨丈夫：

「我家那口子，假日在家也都不跟我聊天，整天在庭院裡弄東弄西的，很討厭。」

然而，我詢問丈夫時，他卻表示：

「我想說，妻子沒辦法幹這種體力活，所以盡量利用假日替她處理。」

這說明了什麼？說明了**「每個人感受愛的途徑都不一樣」**。

即使彼此都愛著對方，每個人表現愛意的方法也不盡相同。

知名人際關係顧問蓋瑞·巧門（Gary Chapman）將「人感受愛的途徑」命名爲「愛之語」，並分爲以下五種類型：

1 言語（例如肯定的話語）。

2 行動（例如服務的行動）。

3 禮物（例如接受禮物）。

4 時間（例如精心時刻）。

5 接觸（例如身體接觸）。

以這對夫妻朋友爲例，妻子會從「精心時刻」感受到愛情，丈夫則是透過「服務的行動」表達愛情，兩人感受與表達愛的途徑並不一樣。

同樣的，如果丈夫試圖透過「送禮物」表達愛意，但妻子是從「行動」感受愛意的人，妻子可能就會覺得：「你怎麼老是買一些我用不到的東西？與其買這些東西，還不如幫忙做點家事！」

爲避免這樣的悲劇發生，各位不妨想想：「也許我和伴侶彼此的愛之語並不一樣。」

這也是一種「多元共融」的觀念。簡單來說，就是「理解彼此的差異並共存」，這或許是現在非常重要的觀念。

如果能夠理解每個人感受與表達愛的途徑都不一樣，就會明白，無論是假日一直在整理庭院，還是老買一些用不到的東西回家，都是伴侶對自己表達愛意的一種方式。

一旦明白這一點，我想，雙方就不會再說出否定伴侶的話了。各位覺得呢？

當對方的行爲讓你感到煩躁時，正是意識到彼此愛之語差異的好機會。在說出「你爲什麼都不懂我」、「你也看一下狀況好不好」這類攻擊性的話之前，先問問自己：「這會不會也是一種愛的表現？」或許就能夠產生轉機，在夫妻關係中創造嶄新的文化。

潛藏在對話中的四種毒素與修復嘗試

約翰．高曼博士說過，對話中存在四種會破壞人際關係的「毒素」：

1 **批評。**

2 **侮辱。**

3 **自我防衛。**

4 **逃避（無視）。**

他指出，再和諧的關係，都可能出現這四種毒素。

各位讀者的夫妻關係，是否也存在這些毒素呢？

高曼博士表示，這四種毒素本身並非造成關係惡化的決定性因素，重要的是，**如何在對話中「處理」這些毒素。**

含有毒素的對話，很容易點燃雙方的情緒。例如一方出言批評，另一方就會自我防衛，導致雙方不斷說出有毒的話，陷入泥巴戰。

這種時候，如果有一方察覺到兩人正深陷泥巴戰，並且試著補救，就有機會改善彼此的關係。

說得再簡單一點，當你察覺到自己和伴侶的對話愈來愈針鋒相對，在你說出有毒的話之前，可以提議先暫停，例如：「這件事我們晚點再來談，先等孩子睡了再說。」「我們能不能從頭開始討論這件事？」

這稱作**「修復嘗試」**。

高曼博士認為「無法接受修復嘗試的夫妻關係很可能會破裂」。

夫妻談事情談出火氣時，如果一方提議「這件事我們晚點再來談」，另一方卻回應：

「你又來了，你總是在逃避問題。」

「你今天不准逃避。」

那麼這段關係恐怕已經岌岌可危。

因此，一旦發現雙方對話愈來愈針鋒相對，不妨就先暫停對話，先平穩情緒再來談。

雙方談出火氣時，先睡一覺再來談

如果你察覺到「雙方火氣愈來愈大，再這樣下去，恐怕會說出有毒的話」，決定採取修復嘗試，伴侶也接受了你的提議，那麼我建議，這個話題至少要擱置一晚。

前面提到，夫妻意見相左時，可以提出各自的意見，找出其中的共通點，再根據這些共通點，建立新的家庭文化。

雙方都必須保持冷靜，才能達成這個目標。

只要任何一方火氣很大，失去冷靜，就無法好好討論事情。

請務必釐清「現在彼此有沒有辦法冷靜地討論事情」，如果答案是否定的，千萬不要在這時候做出重大決定。

可以向對方提議「今天先不要做決定」，暫時擱置這個話題。

給彼此一個晚上的時間，先冷靜下來再說。

夫妻相處上的禁忌

我在至今的婚姻生活中，領悟到了幾項「夫妻相處上的禁忌」。如果要列出最具代表性的，我會選擇以下三項：

禁忌1　製造只有對方能做的事。

禁忌2　擅自決定事情。

禁忌3　中途放棄對話。

接下來我一一解釋。

禁忌1 製造只有對方能做的事

首先是「製造只有對方能做的事情」。

簡單來說，就是任何家事都不要只能由其中一方負責，像是開車接送孩子上下學、哄孩子吃飯、倒垃圾等等。

如果平常都是由妻子負責倒垃圾，一旦妻子需要出差，可能就會出現以下對話：

妻子：「明天可以麻煩你倒垃圾嗎？」

丈夫：「倒垃圾？要去哪裡倒？」

再舉另一個狀況：

妻子：「抱歉，我今天要加班，會比較晚回家，你能去幼兒園接孩子嗎？」

丈夫：「接孩子？我人到就好了？還需要做什麼嗎？」

一旦這種對話再三出現，就有可能讓人萌生「說了也沒用」的念頭。

當這種對話出現時，建議兩人找個時間一起去倒垃圾，或是一起去幼兒園接孩子，了解這些事情怎麼做。

夫妻之間了解彼此平常負擔的家事，必要時也能夠互相補位，接手處理。根據我的調查，愈能夠像這樣互相補位的夫妻，關係也會愈長久。

禁忌2 擅自決定事情

第二項禁忌是「擅自決定事情」。

千萬不要擅自揣測對方的狀況或感受，自行決定事情。

舉例來說，開車接送孩子上下學的家庭，可能會出現以下對話：

丈夫：「今天誰送孩子去上課？」

妻子：「我來吧。你休息一下。」

丈夫：「謝謝。」

感覺這樣的對話很常見吧？但如果將這段對話加入雙方的「心聲」……

丈夫：「今天誰送孩子去上課？」

妻子：「我來吧，你休息一下。（雖然我也不想去，但你也很累，不想去吧？而且你說過九點還要開線上會議。）」

丈夫：「謝謝。（眞的不用我去嗎？）」

加入雙方的心聲之後就很清楚了，兩人都在「推測」對方的狀況和感受。

一旦「推測」開始在夫妻的對話中蔓延，就有可能造成其中一方過度「遷就」或「忍耐」。

我稱這種推測爲「夫妻之間的距離感」。**如果總是「擅自決定事情」，只會讓夫妻之間的距離感愈來愈遠。**

禁忌3

中途放棄對話

最後一項禁忌是「中途放棄對話」。

夫妻相處的過程中，經常會出現談話不順利的情況。

面對這種情況，不知道讀者是否曾經說出以下這種話中斷對話？

「那算了。」

「隨便你。」

「好，好，你是對的，這樣總可以了吧？」

「你老是這樣抱怨，我都聽膩了。」

「我不想再說了。」

「我和你已經沒話好說了。」

不用說，這些話很容易被對方解讀爲否定。

除此之外，這樣中斷彼此對話的行爲，我形容爲走進「對話的死胡同」。

容易走進「對話的死胡同」的夫妻，經常在抱著負面情緒的狀況下結束對話，長期累積下來，容易導致關係破裂。

常有人說，夫妻相處久了會產生默契，彼此一個點頭、一個反應，就能夠明白對方的意思。但這種彼此心領神會的默契，也是建立於夫妻兩人一次又一次商量事情並做出決定的經驗。

換句話說，必須跨越「對話的死胡同」，傾聽對方的心聲，持續對話。即使對方撂下「算了」，你也不能打退堂鼓，必須堅持「不能就這樣算了」。

雙方都必須思考怎麼好好表達，持續對話，了解「伴侶有哪些地方想法和我不同」，或是「我們兩人容易因爲什麼話題談出火氣」，慢慢建立起彼此的默契。

如果少了這些經驗的累積，彼此心領神會的默契根本不可能憑空出現。

不妨找個機會，和伴侶一起坐下來喝杯茶，輕鬆地聊一聊「自己容易動怒、否定的事情」。就算只花個五分鐘也好，這短短的時間，也有助於建立不否定的家庭。

第7章 不否定自己的練習

當了爸媽，也要找回「眞正的自己」

本書探討了教養上要如何做到不否定孩子，以及如何打造不否定的家庭。

最後一章，我想談談最重要的部分，也就是「自己」。

爲什麼要將這個主題放在最後一章？因爲即使知道要「不否定孩子」，知道如何「打造不否定的家庭」，但要是沒有照顧好自己的心，一切都會從根本開始崩塌。

很多家庭有了小孩之後，生活重心就完全圍繞著孩子。

一旦當上爸爸、媽媽，便失去了自我，滿腦子只想著如何當「好爸爸」、「好媽媽」，長期承受著壓力，直到某一天回過神來，才發現「忘了過自己的人生」。

我經常以商業教練的身分告訴客戶：「希望您大步大步走在自己人生的大道上。」

正在養育孩子的各位也一樣。將養育孩子當作自己人生的一頁，好好享受這個過程。但如果你沒有享受的感覺，反而有些迷失自我，不妨花點時間閱讀這一章，藉這個機會審視一下自己的心。

簡單來說，爸媽快樂，孩子就會快樂。相反的，爸媽整天板著臉，孩子也會過得悶悶不樂（換成職場裡的上司與下屬也一樣）。

千萬別忘記，爸媽也是人。如果你被「爲人父母的責任」壓得喘不過氣來，請務必想起這一點。

基於以上理由，本章將陪伴各位來一場「找回自我大作戰」。

跳脫「父母過去的教養方式」

內人也是一名專業教練。有一次，我問她：「與孩子建立正向關係的過程中，你會特別留意什麼？」

她這麼回答：

「簡單來說，我會告訴自己要『樂在其中』。覺得辛苦的時候，也要把焦點放在怎麼做才能更接近自己心中理想家庭的模樣。重要的是，不要被『應該怎麼樣』或『必須怎麼樣』的想法困住吧。」

其實一直到前幾年，內人教養孩子的方式都深受她母親的影響，認爲很多事情「應該怎麼樣」、「必須怎麼樣」，例如「應該親手做孩子吃的東西」、「必須每天帶孩子去公園玩」，這些觀念根深柢固。

就算覺得辛苦，她也相信「母親爲孩子親手做料理是應該的」、「母親抱孩子去公園是理所當然的」。

也因爲這樣，當她對做這些事情感到痛苦時，甚至會自責「有這種想法的自己不好」。

直到某天，她在社群媒體上看到一位諮商心理師說：

「不想做事有什麼不對？」

這句話讓她意識到「不想做事」一點錯也沒有。她所做的一切都是「自己決定要做的」，於是一舉掙脫了一直以來遵守的「應該」和「必須」。

她解開了「養育孩子時應該以孩子爲優先」的詛咒，明白「有時候以自我爲中心也沒關係」，從此找到了平衡。

許多人對孩子的教養方式，都深受「自己的成長經驗」影響。

不要模仿過去，採用「符合這個時代的做法」

身為高階主管教練，我輔導過許多商業上的領導者。我發現，這十年來，上司與下屬的關係有了轉變，原本上司的職責是「下達指示、命令」，現在則是「將人視為資本，培養下屬自主思考的能力」。關於「否定」，如今，商業上也普遍認為「與下屬相處，應該以不否定為前提」。

在商業領域，新的觀念不斷出現。反觀教養方面，當爸媽的，仍有許多人的想法受限於「過去父母是怎麼教自己的」，於是，用自己狹隘的視野和經驗在教孩子。

造成這種情況的最大原因，莫過於「沒有機會觀摩別人家教小孩的方式」。

我們的資訊來源就只有「過去父母教自己的方式」，因此，會受到父母的影響，也是在所難免。

過去的時代，很多人都是「在否定中長大」。到現在，許多爸媽仍延續著這樣的教養方式。

一個在成長過程中不斷被父母否定的孩子，長大後當了爸媽，也繼承了過去父母否定自己的教養方式……光是這麼想就令人害怕。

甚至當自己老去，成爲需要子女照護的角色時，又要再次承受否定的話語，這種情況是不是也教人不寒而慄？

因此，我們要提醒自己：**不要模仿「過去父母教自己的方式」，而是採用「符合這個時代的做法」來養育自己的孩子。**

養成注意「好事」的習慣

我們要如何討自己開心，讓自己保持愉快的心情呢？

首先，我想介紹一個教練學常用的方法。

那就是**養成注意「好事」的習慣，仔細觀察一天中順利進行的小事、讓人產生正面情緒的時刻。**

或許有讀者聽過，這就是知名的「彩色浴效應」。

我們在輔導學員的時候，會請學員「找出房間裡五樣紅色的東西」。學員一聽到這個指令，就會立刻發現大約五樣先前完全沒注意到的紅色物品。

基於同樣的道理，我們可以養成注意好事的思考習慣，告訴自己「找出今天發生的五件好事」，或是「舉出五個養育孩子的喜悅」。

設定「五」這個數字也是有意義的。

人的大腦很奇妙，如果有人問我們「請告訴我今天發生的好事」，我們可能一件都想不起來。但如果問「請告訴我今天發生的五件好事」，我們腦中就會莫名浮現差不多三件事情。

因此，當你對孩子生氣時，不妨想想「孩子的五個優點」，比如說「很療癒」、「說話臭奶呆的感覺很可愛」、「很貼心」、「拿到零食的時候會問別人要不要吃」、「很開朗」。這麼一來，不知不覺間就會產生正面情緒。

用這種方式轉換觀點，對於調整自己的心情很有幫助。

「珍惜自己的時間」也是爲了孩子好

教養書籍經常提到一件事：

「即使帶小孩再忙，也要有自己的時間。」

在有自己的小孩之前，我一直認爲「這還用得著說」。

然而，實際養育孩子之後，卻開始覺得：「怎麼可能，這只是那些老師、專家幻想出來的美夢吧？」

每天除了要替孩子準備吃的東西、接送孩子上下學、打掃、洗衣，孩子在家時還要時時刻刻注意他們有沒有做危險的事情。在這種情況下，想要騰出自己的時間根本是天方夜譚。

不過，我後來也轉了個念，開始設法留下一些個人的時間。因爲我發現，這不僅能讓自己的心平靜下來，對孩子也好。

養育孩子是要持續二十年左右的事情，我們不可能將自己的時間封存那麼久。希望各位爸媽不要輕言放棄，設法確保自己的時間，拿來享受自己喜歡的事物或自我實現。

我在輔導的企業經營者身上也可以看到類似的情況。

他們要經營公司，提升員工的工作動力，還要面對股東，總是忙得不可開交。

這些明明沒什麼時間的經營者，還是能在百忙之中確保學習的時間，持續精進。

我也會告訴經營者：「如果你自己不成長，公司也不可能發展得比現在更好。所以，請務必爲自己擠出時間，持續精進。」而愈厲害的經營者，愈有辦法做到這一點。

當爸媽的人也應該這麼做。爲什麼這麼說呢？

因爲你好好享受個人時光的模樣，孩子都看在眼裡。

孩子會模仿爸媽的行爲。愛看書的父母，也會養出愛看書的孩子。同樣道理，生活中總是否定彼此的家庭，孩子也會習慣否定的言行。

如果看到爸爸、媽媽每天都過得很幸福，孩子也會將幸福的生活視爲理所當然的事情。

你的生活方式，是孩子最初認識的「大人的模樣」。示範「讓自己幸福」的生活方式，也是爲人父母的重要責任之一。

前面提到，內人曾經因爲她母親的影響，認爲很多事情「應該怎麼樣」、「必須怎麼樣」。

當她從「應該怎麼樣」和「必須怎麼樣」的詛咒中解脫後，想法變得自由奔放，甚至宣稱「我要盡量少做家事」。

我問她是怎麼頓悟的，她說：

「我發現，那些『應該』和『必須』都只是我自己的成見。」

「孩子沒有威脅我一定要下廚。」

「不帶孩子去公園，也不會被抓去關。」

她說的一點也沒錯。

如今的她，已經建立起一套工作繁忙時可以安心託付孩子的人際網絡，並且提高了做家事的效率。當個盡責的母親的同時，也擠出了更多時間來處理自己的工作。

這個例子聽起來或許有些極端。

但各位檢視自己的生活，一定也能找到一些事情值得花點心思調整做法。鼓勵各位不要被前例或常識所束縛，勇敢挑戰，一點一滴累積改變，實現自己的幸福！

自己無法控制的事情，就別說出口

聽說日本體壇流傳著這樣一句標語：

「不要談論大便和便便。」

「大便」的日語讀作unchi，代表Unchangeable，無法改變的事物。
「便便」的日語讀作unko，則是代表Uncontrollable，無法控制的事物。
意思是不要談論自己無法改變或控制的事物（還請讀者包涵這麼粗俗的表現方式）。

舉例來說，某支棒球隊的人一直哀怨：「要是大谷翔平在我們隊上就好了……」但事實就是「他不在」！

很多當爸媽的人可能也有類似這種「要是○○就好了」的想法：

「要是伴侶能多幫忙帶小孩就好了。」

「要是伴侶能賺更多錢就好了。」

「要是公司的育嬰假制度更完善就好了。」

各位可以先想想這些事情「自己有沒有辦法改變」、「自己有沒有辦法控制」？如果沒有辦法，那麼最好不要提起這些事情。老是糾結那些不可能實現的事情，很容易陷入負面思考。

還不如想想自己在這樣的環境下，可以做些什麼來實現心中的理想未來。

扭轉逆境的力量稱作「韌性」。與其抱怨做不到的事情，不如帶著韌性，在現有的環境中盡力而爲。

爸媽盡己所能的模樣，孩子同樣會看在眼裡。

別期待孩子表現出「過度的喜悅」

有一天，一位父親聽到孩子說「想參加熱門動畫的活動」。

活動辦在平日，他特地請了假，一票難求的白金級入場券也順利買到，開了六個小時的車抵達會場，終於實現了孩子的願望。

活動結束後，這位父親問孩子：「怎麼樣，開心嗎？」

結果孩子說：「比想像中還要無聊。」

這個瞬間，很容易脫口說出：「還不是你說想看的！」

費盡心思做了一件以爲孩子會很高興的事，結果卻是揮棒落空，這也是常有的事情。

孩子的反應不一定會如爸媽的期待。

小孩子總是隨心所欲、喜新厭舊，對自己的感受誠實，想到什麼就說什麼。

如果是大人，可能會觀察對方的心情，說些體恤對方的話，但期待孩子做到這點未免太嚴苛了。這等於是要孩子推敲父母的心情並斟酌說話。

只要告訴自己**「小孩子就是這樣」**，就不會因爲期待落空而怏怏不樂了。

重要的是孩子玩得開心，爸媽也能樂在其中。

如果孩子說「想去公園」，就找一座能親子同樂的公園。或是孩子玩耍時，夫妻兩人可以坐在一旁喝茶聊天。

簡單來說，即使你對孩子的活動沒興趣，也要找出自己也能樂在其中的方法。

找回快樂的自己

不必我多說，教養的過程中就是會遇到一連串意想不到的事情。孩子的行爲已經很難預測了，加上旁人毫不客氣的建言，更是讓人備感壓力。我想，將教養形容爲一項棘手的任務也不爲過吧。

坦白說，我一邊在寫這本教養書籍，仍時不時會遇到各種令人煩躁的狀況。

再怎麼說服自己「小孩子就是這樣」，有時候還是難免會感到失望。

陷入這種負面情緒時，重要的是「知道要怎麼幫自己找回快樂」。

我母親以前會在臥室播自己喜歡的音樂，穿著睡衣坐在床上，盯著牆壁一動也不動。我小時候看到母親這樣，都會心想「媽媽好奇怪」。

長大後，我問她是怎麼一回事，她才告訴我：「那是我找回自己的時間啊。你現在應該懂了吧？」我深有同感，點頭如搗蒜。

每個人都有一套找回快樂的自己的方法。

有人可能五分鐘就夠了，有人可能需要花上三十分鐘。

順帶一提，我經常以商業教練的身分向客戶提出一個問題：

「什麼會讓你感到幸福？」

不妨問問自己這個問題，找出「只要這麼做，就能消除負面情緒，找回快樂的自己」的方法。擁有這樣一條屬於自己安全毯（讓自己平靜下來的工具），也是很重要的事情。

回想「我喜歡的自己」

如果你覺得當了爸媽之後，好像迷失了自我，請問問自己：

「我喜歡的自己是『什麼樣子』、『什麼狀態』？」

每個人的答案肯定都不一樣。例如「我喜歡笑容滿面的自己」、「我喜歡待人溫柔的自己」、「我喜歡不斷挑戰新事物的自己」。

經過自問自答，找到「我喜歡的自己」之後，可以再捫心自問：「我現在有沒有活出自己喜歡的樣子？」

如果你喜歡笑容滿面的自己，卻發現自己與這種模樣相去甚遠，那麼請想一想「讓自己遠離理想模樣的起因是什麼」。

思考過後，你可能發現「因爲孩子老是不聽話，讓我很煩躁」→「所以我的笑容不見了」。那麼，接著可以再好好想一想「該怎麼做才能找回我喜歡的那個『笑容滿面的自己』」。

這麼一來，你可能會意識到「孩子不聽話很正常，爲了這麼正常的事情而煩躁，是我的處裡方式不對」。這或許還會成爲你運用「We句型」讓孩子更願意聽話的契機。

我這樣寫，大家可能會誤以爲我碰到狀況時馬上就能想到這些處裡方式。然而，地球上並不存在這樣的超人。想找回自我，總是需要花上一些時間思考。

因此，平時可以養成一種習慣：計算一下自己從煩躁到恢復平靜，需要花多久時間。無論是三十分鐘、半天，還是一個星期，只要掌握大致的時間，你就不會責備自己，可以耐心等待自己恢復平靜。你甚至可以告訴身邊的人自己需要花多久時間恢復。

這麼一來，你就可以利用這段恢復的時間，聽聽喜歡的音樂，做一些有助於找回自己的事情。

「討自己開心」的能力，有助於建立不否定的親子關係。

就算日子再忙，也請各位找到讓自己快樂的方法。你投資的時間和精力，將化爲幸福親子關係的形式回報給你。請拋開以往的框架，自由地探索屬於你和孩子的幸福關係。

後記

非常感謝你讀到最後。

我在書中鮮少談及自己養育孩子的狀況，不過，在這最後，請容我稍微分享一下。

我的兩個孩子現在還小。每天晚上，孩子分別從幼兒園和小學放學回家後，要做的事情多得不得了，要叫孩子吃飯、洗澡、寫作業、刷牙……常常忙得我暈頭轉向。

到了週四、週五，無論是孩子，還是我們當爸媽的都相當疲憊，心情也很不穩定。

前幾天，兒子遲遲不肯去洗澡，我不小心凶了他：「夠了沒！你什麼時候才要洗澡？」

那天晚上，我在孩子熟睡後繼續寫這本書，寫到「不要意氣用事」、「要冷靜地表達」時，不禁反省起自己到底有沒有做到。

很多人可能會想像，寫教養書籍的作者一定都是完美家長。其實，我每天和孩子溝通時也很辛苦。不過，溝通不順利時，我會反省並調整；順利時，我也會開心地享受與孩子相處的時光。

親子之間的溝通有時甜美，有時辛酸。當爸媽的一不小心就有可能對孩子說出太過嚴厲的話。

這種時候，希望各位能想起本書提到的任何一種方法，運用這些方法，創造幸福、快樂的親子關係。

每天用心溝通，猶如播下小小的種子，它終將發芽，並在多年後結出碩大的果實。

這本書就到這裡結束了。
願各位都能迎接與孩子共享這份果實的甜美時刻。

林 健太郎

Eurasian Publishing Group
圓神出版事業機構　先覺出版社 Prophet Press
www.booklife.com.tw　reader@mail.eurasian.com.tw

人文思潮 181

不否定的教養練習：比稱讚、責備更有效的親子溝通技巧

作　　者／林健太郎
譯　　者／沈俊傑
發 行 人／簡志忠
出 版 者／先覺出版股份有限公司
地　　址／臺北市南京東路四段50號6樓之1
電　　話／（02）2579-6600・2579-8800・2570-3939
傳　　真／（02）2579-0338・2577-3220・2570-3636
副 社 長／陳秋月
副總編輯／李宛蓁
責任編輯／劉珈盈
校　　對／林淑鈴・劉珈盈
美術編輯／李家宜
行銷企畫／陳禹伶・黃惟儂
印務統籌／劉鳳剛・高榮祥
監　　印／高榮祥
排　　版／杜易蓉
經 銷 商／叩應股份有限公司
郵撥帳號／18707239
法律顧問／圓神出版事業機構法律顧問　蕭雄淋律師
印　　刷／祥峰印刷廠
2025年5月　初版
2025年8月　2版

定價 350 元　ISBN 978-986-134-533-8

心理安全感不是一個人就能營造出來的，必須由雙方共同建立不否定彼此的關係，打造沒有否定和拒絕的環境，如此才能確保心理安全感。

爲此，我們能做的，就是停止「否定式溝通」，養成不否定的習慣。

——《不否定的練習：比讚美、肯定更有效的人際關係法則》

國家圖書館出版品預行編目資料

不否定的教養練習：比稱讚、責備更有效的親子溝通技巧／林健太郎 著；沈俊傑 譯. -- 初版. -- 臺北市：先覺出版股份有限公司，2025.5
272 面；14.8×20.8 公分 --（人文思潮；181）
ISBN 978-986-134-533-8（平裝）

1. 親職教育　2. 親子溝通　3. 親子關係　4. 子女教育

528.2　　114003046